WIZARD

鋼のメンタルトレーダー

しなやかさと対応力が身につく心理と生理機能の管理法

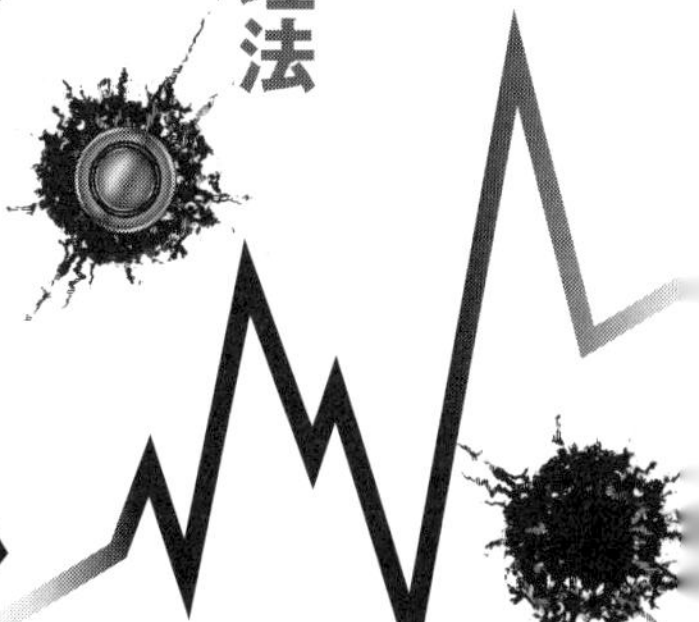

BULLETPROOF TRADER

Evidence-Based Strategies for Overcoming Setbacks and Sustaining High Performance in the Markets
by Steve Ward

スティーブ・ワード［著］ 長岡半太郎［監修］ 井田京子［訳］

Pan Rolling

Bulletproof Trader :
Evidence-Based Strategies for Overcoming Setbacks and
Sustaining High Performance in the Markets
by Steve Ward

Originally published in the UK by Harriman House Ltd in 2020,
www.harriman-house.com.
Japanese translation rights arranged with Harriman House Ltd
through Japan UNI Agency, Inc., Tokyo

監修者まえがき

本書はファンドマネジャーやトレーダーのメンタルコーチを幅広く務めるスティーブ・ワードの著した〝Bulletproof Trader : Evidence-Based Strategies for Overcoming Setbacks and Sustaining High Performance in the Markets〟の邦訳で、投資やトレードにおいて精神状態や生理状態を整える方法を説いたものである。投資活動におけるメンタルマネジメントに関してはすでにいくつか解説書があり、行動科学の知見に基づいて売買主体の状態を変数として扱う技術が知られるようになってきた。これら先行研究に対して、本書はトレーダーの生理的状態と意思決定の関係、およびその管理方法に焦点を当てたところに特徴がある。

本書にあるように、生命体としての人間は、自身の精神的・生理的状態を意識して調整しないと、もともと投資やトレードにはまったく不向きにできている。金融市場では、大抵の参加者が合理的な意思決定をする平常時は機会に乏しく、逆に多くの売買主体が非合理な行動を取らざるを得ない非常時に大きなチャンスが訪れる。しかし、その最も重要な瞬間に、多くの運用者は極めて困難な精神状態に陥ってしまう。このため、適切な訓練を受けていない人間（あるいは上席の無明な決定権者）はその際に投資活動のすべてを自らの手で破壊してしまう。

著者が行うようなコーチングサービスが成り立つ社会や文化を羨ましく思う。投資の質を向上させるには、市場やトレード対象だけではなく、運用者自身についても深く理解することが避けられないが、日本ではメンタルマネジメントは「逆境の際に精神的苦痛に独りで耐えること」程度にしか認識されていないし、その問題を科学的に取り扱う、あるいはコーチングのような仕組みを導入するといった試みはほとんど聞かれない。将来の経済的不安を広く煽り立てる一方で、「投資は自己責任」という言葉に代表されるように当事者を冷たく突き放して、その活動を支援しより良い結果を社会や組織全体で実現するためのエコシステムの構築には何のコミットもないというのは欺瞞であり、関係する業界は恥ずかしく思うべきだろう。

投資やトレードのメンタルマネジメント（ならびにマネーマネジメント）は、抗堪性だけではなくレジリエンス（回復力）の観点からも考察される必要がある。本書は一般投資家だけではなく、機関投資家に所属する人間にとっても貴重な示唆を与えることになると思う。

翻訳にあたっては以下の方々に感謝の意を表したい。まず井田京子氏には読みやすい翻訳をしていただいた。そして阿部達郎氏は丁寧な編集・校正を行っていただいた。また本書が発行の機会を得たのはパンローリング社社長の後藤康徳氏のおかげである。

二〇二二年二月

長岡半太郎

CONTENTS ―目次―

第8部　柔軟性

第9部　状態を管理する

結論

まえがき――本書の使い方

なぜこの本が必要なのか

本書は、市場でトレードしているときに直面するストレスや感情や課題や挫折に対処し、最高の状態で長期的にわたってトレードを続けたいトレーダーのために書いた。

トレーダーならば、だれでも市場でのトレードは素晴らしい見返りが期待できる挑戦だと思っているだろう。ただし、それはトレードが簡単でストレスがないということではまったくない。もしかしたら、トレードは精神的にも感情的にも最も難しい部類に属するものかもしれない。トレードでは、間違いや機会損失や実際の損失は避けることができないし、頻繁にストレスにさらされ、それがかなり激しかったり長引いたりすることもある。そして、このストレスが心や体や行動や結果に及ぼす影響はかなり大きなものにもなる。

しかし、心理学や生理学や哲学の洞察を用いて、トレードの難しさを排除するのではなく、より効率的なかじ取りをすれば、その状況を優位に変えることができる。このことは、過去一五年間で私が世界中のトレーダーや投資家にコーチングを行うとき、彼らの経験の多さや市場に関係なく、最も力を注いでいる分野の一つになっている。トレードの生理的・心理的な問題に対処できるかどうかは、最高の状態でトレードして自分が達成できる最大のリターンを上げるためのカギとなる。

私は、以前にもトレードのパフォーマンスに関する本を書いている。『ハイ・パフォーマンス・トレーディング（High-Performance Trading）』は、トレード心理を改善する実践的で簡単な役立つ戦略を多く紹介したもので、必要に応じて使うことができるマニュアルのような内容になっている。また、『トレーダーマインド（Tradermind）』では、マインドフルネスに基づいた手法を紹介している。

本書の目的は、トレーダーが精神的・感情的・肉体的な困難や要求に対処するための実践的な手助けをすることにある。それと同時に、この分野の研究や実践から得た最新の洞察も紹介していく。このなかには、次のようなことが含まれている。

●興味深いバイオフィードバック――市場がトレーダーの生理にどれほどの影響を及ぼしたり、及ぼさなかったりを示す客観的な基準
●心理的なテクニックにおける最新の「第三の波」
●古代のパフォーマンス哲学に根差した実践的な手法

これらはすべて、この二～三年に私が顧客と仕事をするなかで分かったことである。

私はこれまでの経験から、トレードのような動的で難しい挑戦において、その人が自分の最高の能力を発揮する手助けをすることに最高のやりがいを感じている。ただ、一人で世界中のすべてのトレーダーを助けることはできない。しかし、本書を通じてたくさんのトレーダーの助けになったことを紹介する資料を提供することはできると思っている。

特定のタイプのトレーダーになる必要があるのか

本書のメリットを得るために特定のタイプのトレーダーになる必要はない。

私は、世界中で初心者から経験豊富で成功している「マーケットの魔術師」と言われるような人たちまで、あらゆる市場のあらゆる戦略を使っている人たちと仕事をしてきた。本書に書いてあることは、そのすべての人たちの役に立つ。

また、これらは投資家の役にも立つと思う。投資家は、トレーダーほどの激しさや頻度で感情的・心理的な困難に直面することはないかもしれないが（トレーダーほど頻繁に仕掛けたり手仕舞ったりしていないため）、似たような経験をしていないわけではない。特に、必ずある低迷期やボラティリティが高いときはそうだと思う。

本書の構成

本書は九部、全二五章で構成されている。最初の二章は防弾仕様のトレーダーの基礎を作り、その上に次のような具体的な戦略やテクニックを乗せていく。

●コミットメントする
●自分の価値観と自分がどのようなトレーダーになりたいかを知る
●リスクを管理する
●不確実性を受け入れる
●最悪の事態を乗り越えるために備える
●注意力と認知力を鍛える
●トレードのプロセスに集中する
●管理できることを管理する
●不快な状態に慣れる
●否定的な考えにとらわれない
●ストレスからもたらされる感情を受け入れる
●トレードの難しい状況に対処する自信をつける

- 市場の重大な局面で冷静さを保つ
- 自分を責めない
- 困難な状況でもチャンスを見つけ、逆境を有利に変える
- 市場の変化にうまく適応できるようになる
- 自分のストレスや疲労のレベルを観察する
- レジリエンス（回復力）をつけてパフォーマンスを維持するために、回復する技術を習得する
- 生理的健康と強さを伸ばす

本書は、できるかぎり実践的なものになるよう意識して書いた。また、概念を説明し、防弾仕様のトレーダーの精神と感情と肉体的なスキルを育てるために、たくさんの練習問題を載せてある。本書で教える根拠あるテクニックと練習問題は、私が実際にトレードや投資の顧客に提供しているのと同じものである。

本を読むときに、練習問題や勧めた行動を飛ばしてしまう人もいるが、私はできるだけ時間をとってすべての問題に取り組み、行動してみることを強く勧める。それをすれば本書のメリットを最大限受けることができるからだ。

1 防弾仕様になる
BECOMING BULLETPROOF

第1章 なぜ防弾仕様になりたいのか

WHY BULLETPROOF?

「自分を防弾仕様にしたい」

二〇一四年九月、私はロンドンのウエストエンドにあるヘッジファンドの役員室で、新たな顧客となったこのヘッジファンドの創業者に一対一のコーチングを行おうとしていた。彼は長年、並外れた実績を上げて大成功を収めたトレーダーだった。私の服装は、この仕事でユニフォームにしているカジュアルなシャツとズボン。テーブルの向こうには、顧客がポロシャツと短パン姿で、ノートパッドとペンを持ってセッションが始まるのを待っている。

挨拶を交わし、週末のサッカーの試合について話したあと、私は最初の質問をした。目的は、彼がどのようなトレーダーで、主な経歴や過去のトレードやトレードスタイルと戦略、そしてこのコーチングプログラムでどのような結果を求めているかを知るためである。

「このコーチングでどのようなことを達成したいのですか」と私は尋ねた。

「自分のトレードのパフォーマンスや結果に、より冷静に対処できるようになりたいです」

と答えたトレーダー。

「なぜ、今なのですか」

「実際にはこれまでのところひどいパフォーマンスが続いた経験はありません。ただ、統計的に見ればいつかはそうなってもおかしくありません。それに備えたいと思っています。損失が続いたときに、それに対処するスキルを身に付けて、自分自身を防弾仕様にしたいのです」

「自分が防弾仕様になるというのは、どういう状態のことですか」

防弾という言葉がこのように使われるのは聞いたことがなかったが、耳に残った。

「ネガティブな思考をしなくなることです。自分で下した判断が頭から離れないことがあり、特に資金を失ったときや儲かっていないときはそうなりがちです。完全主義に陥ることもあります。何の役にも立たないと分かっているのに、失敗するとそのことが頭から離れなくなり、ただ座って何てバカなことをしたのかと繰り返し考えてしまうのです。ネガティブな感情が大きくなったり、かなり落ち込んだり、トレードにうんざりしたりすることもあります」

「防弾仕様になるとどのようなメリットがあるのですか」

「結局はトレードを続けられるということだと思います。私はこの仕事が好きで、この先も長く続けていきたいので、大きな失敗によって辞めざるを得なくなるのは嫌です。ただ、自分の考え方やうまくいっていないときの感じ方は少し変えたいと思っています」

このあと、この顧客にとっての「防弾仕様」の定義について詳しく話し合った。防弾仕様が役に立つ具体的な状況を想定し、そのときの防弾仕様の行動とはどのようなことなのかを話し合った。また、彼がこれまでのトレードですでに直面し、乗り越えてきた厳しい状況などについても聞いていった。彼の現在の防弾レベルを見極めるのは重要なことである。長年の経験があるトレーダーやファンドマネジャーは、今、危機感を抱いていたとしても、ある程度のレジリエンス（回復力）は身に付いている。だからこそ、今でもトレードを続けることができているのだ。

それから一二カ月かけて、私はこのトップトレーダーが一連の戦略を作り上げる手助けをした。これらの戦略は、トレードが厳しい状況にあるときの対処力を高めてくれる。この間、私たちは「幸運」にも市場で何回か、彼のトレードに大きな悪影響を及ぼす重要な出来事に見舞われた。これらは構築中の戦略を実際に試す素晴らしい機会となった。

一連の戦略には次のような要素が含まれていた。

●困難に直面する前に予測し、計画することの重要性を学ぶ
●自分の状況とそのときの経験を受け入れる力
●困難のなかで、心や感情が引き起こす考えをコントロールする方法
●自分がどう感じるのかを理解する――その状況の感じ方次第で、状況に対する反応や対応が変わることを理解する
●困難な状況のなかでもチャンスを見つけられるようになる
●最悪のシナリオでも普段どおりにトレードできるようになる

これらに加えて、今の瞬間をよりよく認識できるようにし、さらなる客観性を身に付け、感情的な反応を抑え、より冷静でいるために、マインドフルネスに基づいた瞑想の練習も取り入れた。

そして最後に、バイオフィードバックにも少し時間を割いた。これは、神経系を強化するテクニックを学んでストレス反応を減らすことで、特にそれが意思決定に及ぼす影響を軽減することを目指している。

この顧客は最終的に、広範囲なツールキットを作り上げて防弾レベルをしっかりと高めた。ここで重要なことは、彼がこのツールを実際に使い、スキルを練習したことだ。それによってトレードにおけるレジリエンスのレベルは当初の期待をはるかに上回った。

このケースのカギとなったのは、彼がより防弾仕様になるためのスキルを磨くために時間とエネルギーを費やしたことだった。そして、このことは多くのトレーダーがまねできると思う。

トレーダーへのコーチング

私は幸運なことに過去一五年間、世界中の銀行、各種基金、CTA（商品投資顧問業者）、資産運用会社、プロップトレード会社、公益事業会社などで、何千人ものトレーダーやファンドマネジャーと、個人トレーダーにコーチングやトレーニングを行ってきた。

私の役割を簡単に言えば、顧客が最高の状態でトレードする手助けをすることと言える。そのために、私はリスクのとり方や意思決定の仕方や高パフォーマンスを上げてそれを維持する方法などについてコーチングやトレーニングやアドバイスを行っている。このとき用いているのが心理学、生理学、行動科学、神経科学、ピークパフォーマンス、決定科学などで、最近は哲学も加わった。ただし、これらを用いつつも現実のトレーダーと現実の市場で実際にうまくいくのは何かということを常に考えている。

その結果、私の指導はパフォーマンス科学とコーチングという熟練を必要とする技術を織り混ぜたものになっている。

顧客の二〇～三〇％くらいは高いパフォーマンスを上げているが、それを長期間維持したい、次のレベルを目指したい、トレードで自分の最高の力を発揮できるようになりたいなどといった理由で私を頼ってくる。

しかし、圧倒的に多いのは、市場で何らかの問題に直面しているから助けがほしいという人たちだ。例えば、パフォーマンスが急落したり低迷したりしている、心理的な不快さを抱えている（考えや感情）、生理的に不快な反応が出ている（ストレスや疲労）などといったことである。

このような不安定な状態は、いくつかの要因がある。まず、人間性とネガティブバイアス、二つ目は損益にどれだけ敏感か（特に損失のほう）、三つ目に市場でのトレードが心理的・生理的にどれほど難しくてきついか、といったことだ。

厳しい時期

私の仕事は、二〇〇八年まではほとんどがトレードや投資の結果を最大化し、パフォーマンスを改善するなど、すでに良い状態をさらに素晴らしくすることだった。

当時は、トレードや投資の心理がエッジになるという考えが広まり、たくさんのトレーダーやファンドマネジャーがその可能性を広げようとしていた。しかし、リーマンショックのあとは、パフォーマンスの改善に取り組みたいとする意向もあったが、もう一つのテーマとしてストレス管理、プレッシャーのなかでのトレード、挫折したときの対処、課題や変化への対処、パフォーマンスを維持することなどが顕著になっていった。

言い換えれば、レジリエンスである。

後者はこの数年で増加し続けている。解雇、規制変更、人員削減、少ないリソースで以前と同じかより高い目標とバジェットの達成を迫られる、情報過多、新しいテクノロジー、市場構造の変化と進化、世界規模のパンデミックなどがいくつも同時に起こり（ある銀行の管理職の言葉を借りれば「クソクラスター」）、トレーダーはとてつもない要求を突きつけられているからだ。

サポートとスキルと戦略

私がこれまでかかわってきたトレーダーのなかには、比較的短期で状況に起因する問題を抱えている人もいれば、長引く問題を抱えている人もいた。

しかし、私のコーチとしての役割はどちらのタイプであっても次の二つと言える。

一つ目は彼らをサポートすることで、これは彼らに信頼される人間でいることとも言える。彼らが自分の問題を打ち明け、一緒に考え、必要ならば助言したり指針を示したりできる人であることだ。

二つ目は、彼らが直面している課題を克服するために、精神的・感情的・身体的に彼らを助ける具体的なスキルや戦略の構築を手助けすることである。これは、その後の戦いにおいて心理的にも生理的にも価値あるツールになる。

私は、本書でこの二つ目の手助けをしたいと思っている。つまり、読者が自分に合った防弾スキルを身に付ける手助けをしたいのだ。

なぜ助けを求めているのか

私はトレーダーや会社から仕事の依頼を受けたときに、その理由を理解したいと思っている。これまであった依頼理由をいくつか紹介しよう。

- トレーダーの仕事を始めるに当たり、レジリエントな考え方とトレードで直面する課題に対処するためのメンタルスキルを身に付ける手助けをしてほしい。
- 大きな損失に直面しており、その対処と効率的に回復するための手助けがほしい。
- ドローダウンや損失が続いており、その時期を乗り切るための手助けがほしい。
- 自信がなく、トレードを実行することができなかったり、とることができるリスク（またはとるべきリスク）をとることができなかったりしている。

- ある種の変化（例えば、新しいトレードスタイルや金融商品）に対応していくための手助けがほしい。
- トレードやトレード以外の生活において要求されていることをうまく管理できるようになりたい。
- 市場の大事な瞬間に、冷静に対処できるようになりたい。
- 市場の不確実性や曖昧さに落ち着いて対処できるようになりたい。
- 恐怖、怒り、イライラ、後悔、不安などの感情をコントロールできるようになりたい。
- 規律と一貫性とトレードの執行を強化したい。
- 身体的なエネルギーを管理して疲労を減らし、消耗や燃え尽きを克服したい。
- 短気にならず、動きが遅い静かな市場に耐え、退屈さに負けてトレード過多にならないようにしたい。
- 間違いを犯したり、資金を失ったり、ミスしたりすることに苦しんでいる。
- 勝ちトレードを伸ばすことができない。

この先を読む前に、なぜ本書を手に取ったのか考えてみてほしい。何か具体的な理由があったのか。本書から何を得たいと思っているのか。

第2章 防弾仕様の枠組み

THE BULLETPROOF FRAMEWORK

カギとなる要件

私はよくトレーダーとして成功するためのカギとなる要件は何かという質問を受ける。私が絶対に欠かせないと思うのは、良いときも悪いときも対応できる能力で、特に悪いときが重要だ。

この能力は「レジリエンス（回復力）」「精神的なタフさ」「ストレス耐性」などと呼ばれることもあるが、本書では第1章で紹介したヘッジファンドの顧客が言った「防弾仕様」という言葉を使っていく。

「成功は才能があまりないかまったくない人にももたらされるが、偉大な人には人生

の惨事やパニックに打ち勝つ特別な性質がある」――セネカ

防弾仕様のトレードに必要な四つの基盤

ストレスやプレッシャーのなかでもパフォーマンスを上げ、大金がかかるなかでパフォーマンスが上下しても対処していく能力については、長年研究され尽くされている。今日のトレーダーは、軍やトップアスリートや警察やパフォーマンス系のアーティストが発見したさまざまな要素と実践の恩恵を受けることができる。本書もそれらをすべて取り入れている。

顧客のトレーダーがトレードの課題や困難に対処するための能力を身に付ける手助けをするとき、私はさまざまな分野の研究を参考にしている。これらの分野は主に心理学と生理学と哲学、そして非常に重要なプラグマティズムに分類することができる。私は、トレードのパフォーマンスを最大にして防弾仕様のトレーダーになるためには学際的な手法が必要だと考えている。

1. 心理学

トレード心理は、決定科学、行動ファイナンス、パフォーマンス心理学、認知心理学を始め

図表1－1　防弾仕様のトレーダーの枠組み

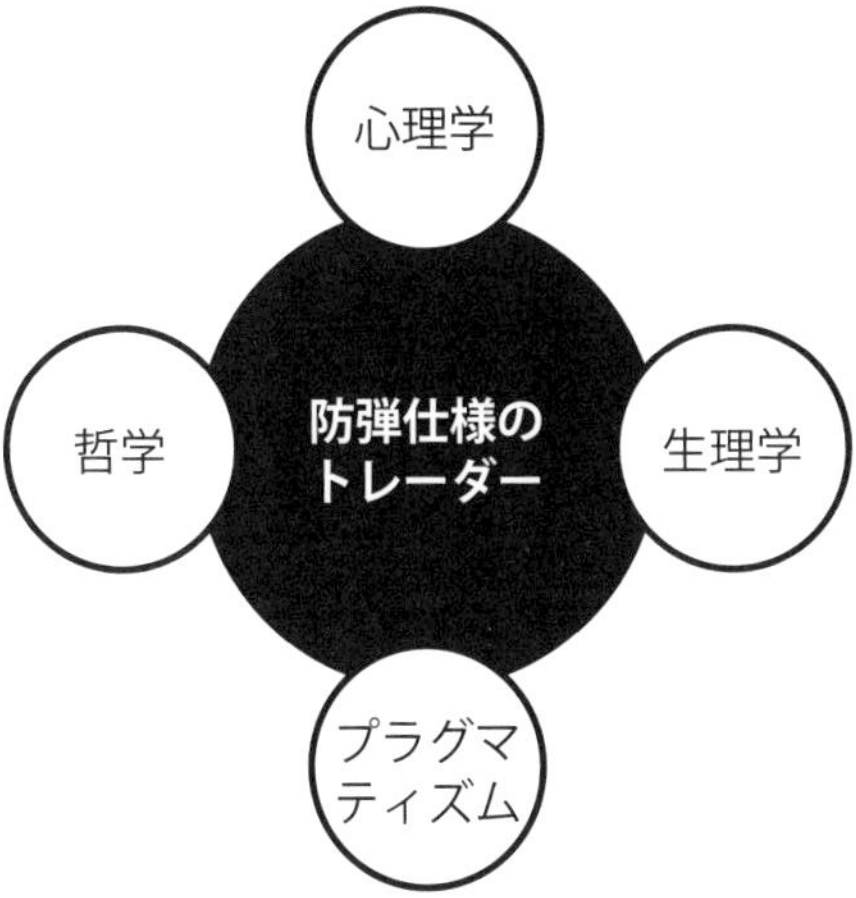

とする幅広い分野の研究と実践を参照している。本書でも、これらの分野の情報を大いに活用していく。ただ、そのなかでも私は文脈的行動科学と心理的柔軟性に注目して心理的な枠組みを構築している。

心理的柔軟性を伸ばすことは、ACT（アクセプタンス・コミットメント・セラピー）から派生したアクセプタンス・コミットメント・コーチングの目標と言ってよい。ちなみに、ACTはネバダ大学の心理学者であるスティーブン・C・ヘイズが創始した分野で、認知心理学の第三の波と呼ばれている。これはほかの認知的手法（例えば、認知行動セラピー）とは異なり、その基本的な目的は望まない思考や感情や感覚を変えたりコントロールしたりするのではなく、それらに気づき、受け入れながら行動に集中することにある。

ＡＣＴは思考や感情の具体的な内容ではなく、自分がいる文脈と、その文脈のなかでの行動の機能（助けになるか、実行可能か）と、自分が考えや感情や感覚や衝動をどのように関連付けているかということに注目していく。

ＡＣＴに基づいた手法は、ストレスを軽減し、レジリエンスを高めるなどといったことを含めて、スポーツやチェスや音楽や仕事においてストレスを緩和し、レジリエンスを高めることでパフォーマンスを改善する助けになっている（『マインドフルにいきいき働くためのトレーニングマニュアル』［星和書店］参照）。ＡＣＴは私のトレード心理モデルの中核であり、心理的柔軟性を高めることが、トレーダーが自分のトレードのプロセスに集中し続ける大きな助けになると考えている。トレーダーがトレードのプロセスから逸脱する原因となる自分の思考や感情や感覚や衝動をコントロールする助けになるからだ。

心理的柔軟性を高めることに加えて、私はストレス耐性を高め（The Hardy Executive：Health Under Stress; Burr Ridge, IL. Maddi, S. and Kobasa, S, Irwin Publishing, 1984）、メンタルを強くする（Developing Mental Toughness：Coaching Strategies To Improve Performance, Resilience and Wellbeing：Doug Strycharczyk, Peter Clough, Kogan Page, 2015）研究と練習も取り入れている。その中核となるのが次の要素である。

●コミットメント　なぜそれを行い、規律を守り、行動することにコミットするのかという目的意識を持つ。

●**コントロール**　内面でも環境でも、その人がコントロールできる範囲。何かが起こったときにそれに対応できると思えるかどうか。自分が何をコントロールできて何をできないかが分かることは重要なスキル。

●**挑戦**　変化が起こったときにそれを成長チャンスと見て、課題や困難のなかでもすべきことをする。

●**自信**　自分が困難や挫折に対応でき、チャンスを見つけてそれをつかむことができると思える。

2. 生理学

防弾仕様の枠組みの重要な部分は、ストレス下でもパフォーマンスを上げることに関して私たちの生理が果たす役割である。

トレーダーが生理レベルの恩恵を受けることができる主な分野をいくつか挙げておく。

●生理機能（呼吸、心拍数など）の変化を、身体的な状態（特にストレス反応とエネルギーレベル）の変化の指標として認識する。

●ストレス反応が激しすぎて、意思決定に影響を及ぼす可能性があるときに、調整が必要であることに気づく。
●ストレス反応に対する生理的なレジリエンスを高める戦略を学び、ストレスの許容量を増やす。
●ストレスと回復のバランスを管理することで生理的な筋肉を強化し、疲労を減らし、長期的に高パフォーマンスを維持する。

3．哲学

本書執筆中に、私の哲学やストア主義の実践への関心が高まり、それを応用してトレーダーが直面する課題に対処する助けになるのではないかという思いがより強くなった。ストア主義は古代ギリシャのキティオン（今日のキプロス）のゼノンが紀元前三世紀初期に始めた哲学である。ゼノンは最初は商人をしていたが、乗っていた船が遭難してすべてを失い、人生をやり直すために哲学者に転じた。彼は屋根付き廊下の柱廊（ストア）で哲学を教えていたことからのちにストア派と呼ばれるようになり、ストア主義が生まれた。

私が仕事で初めてストア主義を応用したのは、ライアン・ホリデイの『**苦境**《ピンチ》**を好機**《チャンス》**にかえる法則**』（パンローリング）を読んだときだった。この本は二〇〇〇年前のストア哲学の原則と実践を用いて、今日「逆境を有利に変える」手助けをするための教科書になっており、アスリートやコーチやそのほかの競争が激しく大金が動く世界で仕事をする人たちに広く読まれている。

ホリデイは、NFL（ナショナル・フットボール・リーグ）におけるストア主義に関して「哲学としてのストア主義は実は心理的な戦いである。倫理や原理を並べたものではなく、人生の困難を乗り越えるための精神修養なのである」と書いている（https://www.si.com/nfl/2015/12/08/ryan-holiday-nfl-stoicism-book-pete-carroll-bill-belichick）。

多くの人は、ストイック（ストア派）と聞くと逆境にあっても感情を表さない様子を想像すると思う。しかし、これは現代の不正確で誤った解釈だ。ストア主義は無感情であることを支持しているのではなく、助けにならない感情の影響をコントロールし、減らすための方法を探すよう説いているのである。

ストア主義の核心は、人生の困難に対処するスキルを身に付ける助けとなる堅固で非常に実践的な行動志向の哲学である。これは、自分でコントロールできることである自分の考えと行動に集中することを奨励している。そして、コントロールできないものは受け入れるしかない。カギとなるのは、自分の反応に責任を持ち、すべての瞬間に最高の自分を表現することなのである。

この考え方は、トレーダーにとって必須であり、非常に強力でもある。

4．プラグマティズム

本書では科学的な要素に加えて、戦略がトレード環境で実際に使えるものであることも重視している。戦略の調査研究は重要で興味深いが、現実のトレードフロアでその効果を試してみる必要がある。

そこで本書は、すべて私の顧客（何千人ものトレーダーやファンドマネジャー）や、さまざまなトレードや投資や銀行の仕事（例えば、販売、調査を含む）などで実績があるテクニックや戦略を紹介している。

彼らのフィードバックは、本書を執筆するうえで非常に有益だった。これらのフィードバックと、実際のケースも、現実的な応用例としてできるだけ紹介していく。

本書を最大限活用するために

本書は科学的な教科書ではなく、実践的なリソースとして活用してもらう目的で執筆している。そのため、全体を通じてたくさんの練習問題や行動課題を載せている。これらをすべて実際にやってみることがトレードにおいて最大の効果を得る助けになる。

それが必ずしも簡単なことではないのは分かっている。全部が無理ならば、まずは本当に身に付けたい項目を一つか二つ選んで集中してみるとよい。そして、その項目だけの行動にコミットしてみてほしい。それだけでも、あなた自身とあなたのトレードに大きな違いを生むし、そのあとの変化を受け入れやすくなる。

走り方の仕組みや訓練方法についていくら学んでも、実際に走ってみなければ走りを改善することはできない。

行動こそがパフォーマンスを向上させる核となるのである。

「だからこそ哲学者たちは単なる学習に満足するのではなく、練習し、訓練するよう警告している。なぜなら、時間がたつと私たちは学んだことを忘れて逆のことをするようになり、すべきことと逆の意見を持つようになってしまうからだ」――エピクテトス

偏見をなくし、好奇心を持ち続け、戦略やテクニックを応用するときは「実験」するつもりで行う。私は長年、パフォーマンス改善の分野にかかわっているが、これは要は自己実験だと思っている。

自分のトレードを改善できそうな何かを見つけたときは、それを試し、うまくいけば取り入れ、洗練していけばよいし、うまくいかなければやめてほかのことを試せばよい。

将来の防弾仕様のトレーダーはあなただ

人生とトレードの経験を組み合わせると、ある程度の防弾仕様のトレーダーにはなれる。すでにやっていることの多くが役に立っているからだろう。本書でそれを置き換えるつもりはない。ただ、たとえうまくいっている部分でも、新しい手法を見つけるチャンスのつもりで読んでほしい。

ここまで導いてくれた手法が、さらに先まで連れていってくれるとは限らないからだ。

将来トレードをしている自分を思い浮かべてほしい。今以上にレジリエンスがあり、トレードで直面する課題や要求に対処することができるようになっている。何が違うのだろうか。何か気づくことはあるのだろうか。どのような行動を取っているのだろうか。何を感じているのだろうか。どんな考えを持っているのだろうか。

あなたが今よりも成長し、精神的に強くなり、強靭で冷静でレジリエンスのあるトレーダーになるためのチャンスはどこにあるのだろうか。

精神を鍛え、どんな状況にも適応できるようになる

本書の内容と構成を決定するまでには長い時間がかかったが、完璧主義はトレードにおいて

も執筆においても危険なことで、トレーダーや著者を消耗させるだけだ。ただし、私は本書ですべきことを指示するのではなく、あなたのトレードに最も適した精神と感情と身体の最強のスキルと練習の枠組みを作る手伝いをしていく。

これが、トレードで課題や要求に直面したときに本当にあなたを助けてくれるのである。

「そうすれば、『どうすべきか教えてほしい』と言うことがどれほどおかしなことかを理解できるだろう。この問いにどんな助言ができるというのだろうか。できない。それよりもはるかに優れた要望は、『あらゆる状況に適応できるよう私の精神を鍛えてほしい』……そうすれば、もし台本から外れても、必死で新しい台詞を求める必要はなくなる」——エピクテトス

トレーダーはみんな市場の個々の瞬間のように一人ひとり違う。そのため、ある人にはうまくいくことが別の人の役には立たないということもある。そこで、本書は次のことを念頭に置いて読んでほしい。

●「これは私のトレードの助けになるか。もし助けになるのならば、いつどのように応

用できるのか」

2 良いときもあれば悪いときもある

UPS AND DOWNS

第3章 トレードの本質

THE NATURE OF TRADING

本章を読む前に、次の二つの質問について考えてみてほしい。

- 市場でトレードするときに、あなたはどのような課題や要求に直面しているか。
- その課題や要求を解決するためには、何ができるようになればよいと思っているか。

トレードはハイパフォーマンスアクティビティ

二〇〇五年二月、私は生まれて初めてトレードフロアに足を踏み入れた。この月の第一金曜日だったこの日は、非農業部門就業者数が発表されることになっていた（アメリカの労働省が発表するアメリカの雇用統計の指標の一つで、この数字はトレーダーにとって重要かつ大きなチャンスになることをあとで知った）。

雇用統計が発表されるまでの何分かのことははっきり覚えている。トレーダーたち（優に一〇〇人は超えていた）はみんな自分の席につき、発表に備えていた。社内のアナリストがカウントダウンを始め、「一分前」の声でフロアの騒音と熱気がなくなり、「三〇秒前」の声で集中した静けさに包まれ、「一〇秒前」の声で全員の期待とアドレナリンとエネルギーが高まるのをはっきりと感じ、「五秒前」……。

スピーカーからデータが読み上げられると、活動と雑音と感情が爆発した。ほんの二〜三秒のことでも、トレーダーたちが強いストレスとそれに伴う感情にさらされていることがはっきりと見えた。

それから何時間かの間に、私は市場のトレードがもたらす浮き沈みを目撃した。トレーダーのなかには大金を稼いだ人もいれば、利益ゼロの人も、深刻な損失を抱えてしまった人もいた。これが、私とトレードの最初の出合いだった。そして、トレードが難しくてプレッシャーが大きく、ストレスの多い仕事だということを強く感じた。そのあとトレーダーとかかわるようになると、この思いはさらに鮮明になった。

難しくて、プレッシャーとストレスが大きい仕事について、私は別の世界ですでによく知っていた。

トレーダーへのコーチングを始める前の数年間、私はスポーツ心理のコーチとしてトップアスリートやチームとかかわってきたからだ。トレードはスポーツではないが、それに非常によく似た活動であることは間違いなかった。トレードは、エリートスポーツとよく似たハイパフォーマンス系の仕事であり、トレーダーたちは厳しい環境のなかでトレードをしていたのである。

トレードの環境

トレードで主に要求されることの一つが、不確実な状況のなかでリスクに基づいた判断を下すことである。しかし、リスクと不確実性は両方ともストレスの要因になる。つまり、これらは私たちの神経系でストレス反応を起こす。行動ファイナンスや神経心理学の研究によって、このような状況で判断を下すことが脳にとって難しい課題であることは明らかになっている。

人間は心地良くて、確実で、慣れていることを好む。自分でコントロールできる感覚だ。しかし、トレーダーは市場の状況もトレードの結果もコントロールできないという状態に継続的にさらされている。トレードは判断するたびに結果が出て、その結果に金銭的だけでなく、心理的にも生理的にも対処しなければならない。また、勝ちトレードや負けトレードがもたらす浮き沈みにも対処する必要がある。そのうえ、同じ負けでも連敗するときもあれば、ミスや間違いによるときもあるし、正しいプロセスを経たのに悪い結果になることすらある。十分準備を整え、正しく実行し、リスクを管理し、柔軟さを失わないなど、すべてを正しく行っても損失に終わることもあるのだ。

判断はたいてい不完全な情報に基づいて下し、時には短時間で決めなければならないこともあるが、これらのことはトレーダーを認知的にも感情的にもより消耗させる。投資機関に所属しているトレーダーには、年間バジェットや顧客サービスといったさらなるプレッシャーがある。ファンドマネジャーには顧客対応と資金解約の可能性というさらなる難問がある。

良いときもあれば悪いときもある

「儲かっているとき、トレードは世界最高の仕事だ。損失を被っているとき、トレードは世界最悪の仕事だ」――先物トレーダー

私はいつもトレードフロアに着くと、トレーダーたちに砕けた感じで「調子はどうだい」と聞く。すると、「良いときも悪いときもありますよ」、あるいは厳しい局面だと「良いときも悪いときもありますが、たいていは悪いです」などといった答えが返ってくる。

このような反応が何よりもトレードという活動を表している。時間枠が短いトレーダーの場

図表３－１　トレーダーのパフォーマンス環境

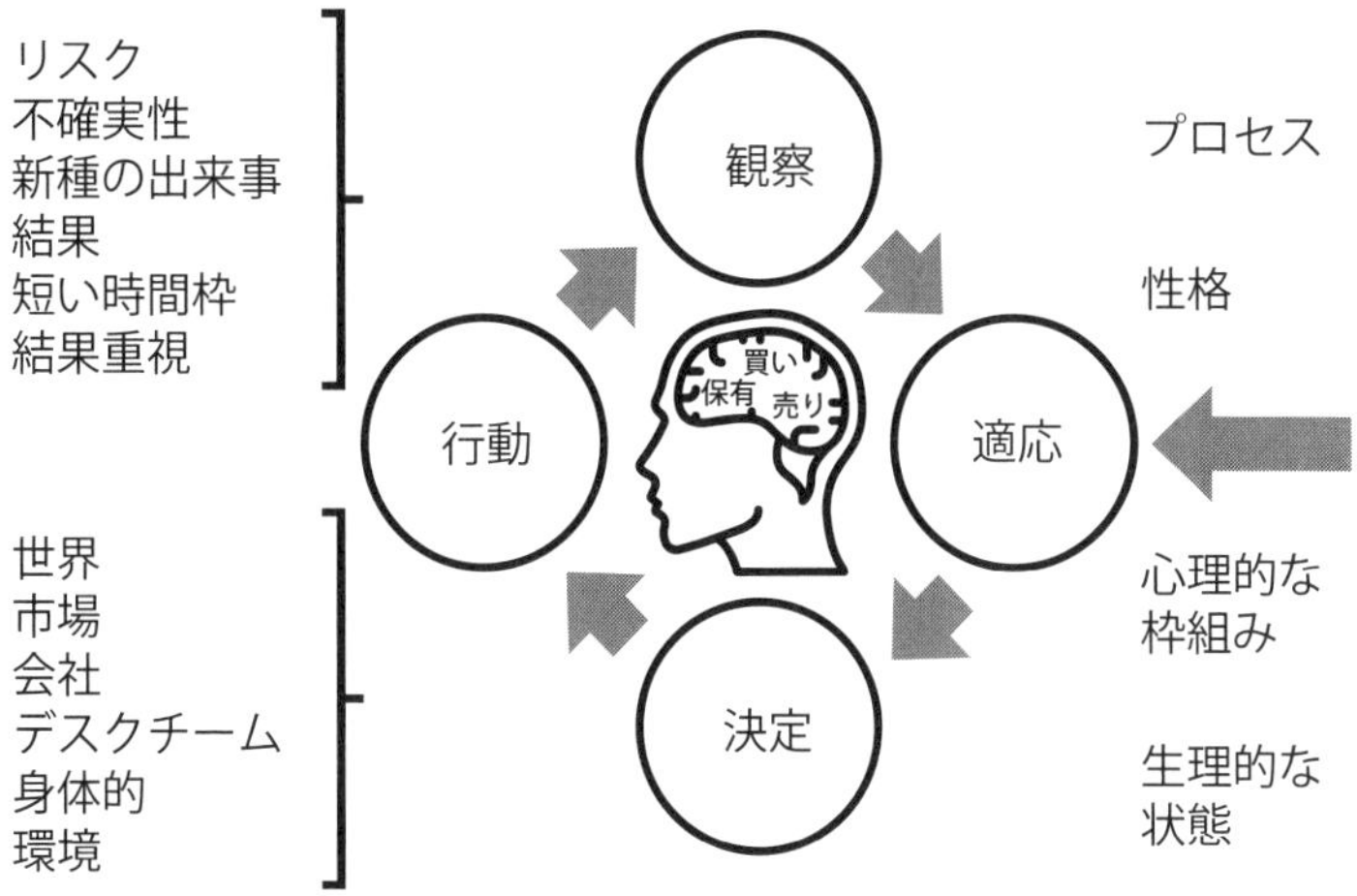

合、このような浮き沈みが一日のなかで何回もある。それ以外のトレーダーにとっては、もう少し頻度が低かったり期間が長かったりする。

私はこれまで、トレーダーから「良いときも悪いときもある」以外の答えを聞いたことがない。

実際、過去二〇年以上さまざまなハイパフォーマンス分野のエリートたちの手助けをするなかでも、いつもこれと同じ答えを聞いてきた。これは、高いパフォーマンスを追求する世界に共通しているものだと思う。厳しい環境で難しい活動を選んだ結果であり、真剣に取り組んだ結果なのである。

もしストレスを抑えたければ、最も簡単な戦略は結果を気にしないことだ。その代わり、最高の結果を上げることもおそらくないだろう。

この浮き沈みがトレードという経験を定義している。これは旅なのである。そして、沈んでいるときを経験することで私たちは将来の難問に備えて姿勢とスキルを身に付けていくのだ。

もちろん、人生にもたくさんの「浮き沈み」がある。市場でのトレードは、結局は人間の経験を凝縮したものとも言える。そのなかで、私たちは本能的に生き延びようとし、それが理解することが難しい思考や感情や感覚を生み出す。しかし、最終的にはそれを克服できるのである。

「人生とは、厳しく、残忍で、過酷で、時間が限られ、混乱した、命懸けのものである」

——エピクテトス

トレードの悪い時期は一時的なことかもしれないし、長く続くかもしれないが、トレーダーにはどちらにも対処するスキルが必要となる。ストレスは短くて「鋭い」反応のときもあれば、「慢性的」に長く続くこともある。慢性ストレスは、トレーダーにさらなる問題（疲労や消耗や行きすぎれば燃え尽き）を起こし、このことは私も顧客が経験するのをたくさん見てきた。

ストレスや疲労は、トレーダーが良い判断を下し、自分の最高のパフォーマンスをする能力を下げる大きな要因となる。これらによってトレーダーは短期指向になり、リスク回避志向が

図表3－2　連勝と連敗が生理に及ぼす影響

	連勝時	連敗時
脳	報酬を求める回路が活性化	損失回避の回路が活性化
ホルモン	テストステロン	コルチゾール
感情	興奮	恐怖
気持ち	楽しい	苦痛
リスク	リスク志向	リスク回避
バイアス	自信過剰と根拠なき熱狂	自信喪失と根拠なき悲観

増大し、バイアス傾向が高まり、認知機能（例えば、自己統制力）が下がる。ストレス反応を相殺し、疲労を減らし、生理的能力を上げるための資質を高めることが防弾仕様の基本と言える

私が顧客のトレーダーに対して行ったアンケートから、彼らが直面している次のようなストレスの要因とさまざまな実例が明らかになった。いくつかはトレーダーからのフィードバックも合わせて紹介している。どれが自分に当てはまるか考えてみてほしい。

●**損失やドローダウンへの対処**　二〇一七年の七月から八月にかけて、あきれるほど大きなポジションをとって一年分の利益を失った。うまく対処することがまったくできなかった。

●**市場の不確実性**

●**ボラティリティ**

●**トレードチャンスを逃す**　①市場が「明らかな動き」をし

たときに、自分がポジションを持っていなかったり考えすぎて間違ったことをしていたりすると我慢がならない、②そうなると分かっていた動きでみんながうまくいっているのに自分は反対サイドにいると、不満や怒りでトレードし、さらに逆行するとパニックに陥る。

●周りの期待やプレッシャー

●どうやって利益目標を達成すればよいのか心配　自分の今年の累積損益はさほど気にならないが、この先どうやって利益を上げていったらよいのか心配になる。何日も何週間も連敗が続くと、この先どうして利益を上げていけばよいのだろうかと考え始める。損益が横ばいやマイナスになっていても、正しい戦略を実行していることで非常に楽観的でいられるときもある。しかし逆に、素晴らしい半年のあとに難局に直面すると、「文字どおり、何も考えつかない。今年の損益をこれ以上増やせるとはとても思えない」という気持ちになることもある。

●間違うこと

●逆行したポジションに熱くなる　比較的大きなポジションがかなり逆行していると、それが気になってほかのチャンスが手につかなくなる。

●年間目標に達していない

●みんなが自分よりも良い結果を上げている

●市場が静かで退屈　市場に動きがなく、シグナルも出ていないとき、忍耐不足が判断過程に影響を及ぼす。それに対処する必要がある。

●オーバーナイトのポジションを保有しているとき

●重大なリスク事象　トレードで最もストレスを感じる状況は、重大なリスク事象（例えば、イギリスのEU［欧州連合］離脱、ヨーロッパの主要な選挙など）が起こったとき。それによってボラティリティが高まると、それをどれくらいうまく対処できるかという期待レベルがあるため、何をしても、もっとうまくできたのではないかと思ってしまう。

●投資家の解約要請

●トレードを執行したいのに、流動性がなくてできない　ドローダウンに陥って、ポジションサイズを小さくしたいができないことは、流動性（買うことができる、または売ることができること、後者のほうがより重要）が一瞬で消えてしまうことがあるクレジット市場において大きな問題。したいトレードができないことは、損失を出すよりもストレスがたまる。

●規制

●ミスを犯すこと

●大きなポジション

●複数のポジションを持つこと　私にとって最もストレスが大きくなるのは、ポジションサイズが大きすぎるときと一度に何種類もの銘柄をトレードしているとき。

●管理とリーダーシップの干渉

●キャリアリスク

●トレードと生活のコミットメントのバランス　リスクにかかわる出来事によるストレスの次に難しいのは、トレード以外でコミットすべきこととのバランスをとること。ボラティリティが高くなるたびにトレーディング勘定を運用しているとイライラが募り、注意散漫になってすべてのパフォーマンスが下がる。

●情報が多すぎる

●気をそらす外部からの刺激

●疲労、消耗、燃え尽き

これは、トレーダーが直面するストレスの要因を広範囲に挙げたリストである。これを見れば、トレード環境の複雑さが分かるだろう。もちろん、すべてのトレーダーがこのすべてを経験するわけではないし、ストレス反応はトレーダーごとに違う。ここに挙げたのは私が見てきた代表的なもので、本書ではこれらの対処方法を伝えていく。

トレーダーがこれらの状況を克服して自分の最高の力を発揮するためには、心理的スキルと生理的容量が必要となる。

第4章 下落したときの対処がうまくなる

GET GOOD AT THE DOWNS

損失の痛み

コイン投げの賭けに誘われたと想像してほしい。表か裏に賭けるのだ。もし外れると、一〇〇ドルを失う。勝ったときにいくらもらえるならば、あなたはこの賭けに参加するだろうか。

これは、行動ファイナンスの研究で使われた質問で、私もよくトレード心理の研修会で参加者に聞いている。答えは一〇一～三〇〇ドルというのが最も多い。一〇一ドルに近い答えはマーケットメーカーや、スキャルパーや、高頻度トレーダーなどの複数回賭けることを想定している人が多く、二〇〇～三〇〇ドルと答えるのはリスク・リワード・レシオが二対一や三対一の方向性に賭けるトレーダーが多い。

これまでに、五〇〇ドル程度と答えた人も何人かおり、一番突飛な答えは一〇〇〇ドルだった。

損失回避に関する研究によると、勝ったときに希望する報酬の平均は約二〇〇ドルだった（Behavioural Investing : A Practitioner's Guide to Applying Behavioural Finance : James Montier, John Wiley and Sons, 2007）。つまり、一〇〇ドル失うリスクは二〇〇ドルの報酬で相殺できるということで、これは一ドルの痛みを相殺するには二ドルの喜びが必要だということでもある。

逆に言えば、負けたときの痛みは勝ったときの喜びの二倍に感じるということだ。

勝ったときの喜びと負けたときの痛みが非対称であることと、脳のネガティブバイアスの傾向（つまり、ストレスに対応した生存本能が強いこと）が合わさることで、トレードがうまくいかないと精神的につらくなる理由はある程度説明できる。

この痛みに対処する方法を見つけることは非常に重要なことだ。

私は最近、かつてコーチングをしたトレーダー（今はもうトレードをやめている）と話をした。儲かっているときは、トレードも人生もどんなに素晴らしくて（「自分はほぼ無敵だと感じる」）、うまくいっていないといかにつらいか、という話だ。そのなかで、彼がトレーダー時代に数回、トレードで本当に苦労した時期があった話をしてくれた。それは私が聞いていたケースよりもはるかに悪かった。

彼は資金を失い、自分のやったことに当惑し、自分を信じることができなくなった。そして、会社から帰宅する電車のホームで「ここから飛び降りたらどんな感じだろうか。すぐに楽になるのだろうか」などと思ったという。

トレードの技術を使いこなせるようになるのは難しいが、それに加えて自分の心と体も使いこなせるようにならなければならない。防弾仕様のトレーダーになるということは、トレードの短期的なストレスを乗り越えて長く戦い続けることなのである。

たまにトレードをダンスに例える人たちがいる。しかし、実際にはそれよりもレスリングに近いと思う。ダンスのパートナーがあなたにタックルして床に倒したり、チョークホールドして服従させようとしたりする可能性は低いからだ。

「生きるための術はダンスよりもレスリングに似ている。突然の予期しない攻撃に応じ、耐え抜く準備が必要だからだ。」――マルクス・アウレリウス

内なる砦

「短期間で一年分の損失を出したことが二回ある。一回は経験不足で未熟なトレーダだったころで、大きなポジションをオーバーナイトしたときにパイプラインが爆発して市場が急騰した。朝起きたら、その大きな空売りポジションによって一年分の利

益が吹っ飛んでいた。二回目のときは、経験を積んで自分のポジションについて固執して自信過剰になり、リスクをきちんと管理していなかった。このときのほうが金額的に大きな損失だっただけでなく、その年は絶好調で空にも届く結果を期待していたのにこの損失で地に落ち、市場の恐ろしさが身に染みた。どちらも屈辱的な経験だった」――商品トレーダー

あなたはトレードの課題や難しさに挑む心の準備ができているだろうか。損失を出すことや、ミスを犯すことや、チャンスを逃すことや、恐怖や不安や不確実性やストレスやドローダウンや解約請求や変化や悪い結果などに対処するための精神的な枠組みを持っているだろうか。

ここで「ノー」と答えることは恥ずべきことではない。このような逆境に対処する準備を整えることは生まれつきできることではなく、人生経験を通じて生涯培い、鍛えていくことなのである。

ストア派は逆境に備える必要性に気づき、そのための哲学を作り上げた。それが、来るべき難問に対する準備とその強化に集中するための考え方と、何よりも行動することである。古代の哲学者たちは、さまざまな意味でメンタルアスリートに似ている。彼らは自らの精神力や柔軟性やスタミナを強化して人生の難問に備えていたのだ。

彼らは「内なる砦」、つまり、「外部の逆境が破ることができない自分のなかの要塞」（https://www.dragondoor.com/build_your_inner_citadel/）について語っている。

私は、内なる砦は精神的な要塞、つまりスキルと練習によって逆境に効果的に対処できるようになることだと思っている。この要塞は、生まれつきのものではない。人生とトレード経験を通じて構築されていくものだ。防弾仕様のトレーダーになることのなかには、内なる砦を構築して強化していくことも含まれている。本書で紹介する練習やテクニックは、それぞれがあなたの要塞の石垣に新しい石を加えていくチャンスなのである。

自分自身に問いかけてみてほしい。
- あなたの内なる砦は、今どのような状態にあるのか。
- 自分の内なる砦を構築する取り組みをどのように始めているのか。

下落に慣れる

トレードからリスクをなくすことはできない。つまり、不快な経験はこの戦いの一部であり、トレードという活動に元々内在する性質なのである。トレーダーならば、だれでもストレスや難しい考えや望まない感情や不快な感覚を経験することがある。トレードするときはリスクをとり、そのときにある程度のストレスを感じるのは至って自然なことなのである。

つまり、目指すべきは下落に遭遇したときのストレスにうまく対処できるようになることだ。トレードの厳しい状況に対処できるようになるための最も効果的な方法は、その状況に身を置くことである。

つまり、負けトレードや長く続くドローダウン、そしてミスやチャンスを逃すことや恐怖を経験することや市場の変化などからの回復を経験することで、これらに対応するスキルや戦略を身に付けることができるようになる。ストレスの大きい出来事に自分をさらすことで、生理機能を鍛え、ストレスがもたらす反応に体が耐えられるようにしていくのだ。

トレードでストレスが大きい状況や難しい場面を避けていると、心理的容量や生理的容量を大きくして問題に対処し、自分の潜在能力を最大限生かすことはいつまでたってもできない。

「木は強い逆風にさらされないかぎり、深く根を張ることができない。揺すられ、引っ張られることによって木は大地をしっかりとつかみ、より大きな根を張る。激しい雨や強い風は、良い人にとっては有利に働く」　――ケリー・マクゴニガル（『スタンフォードのストレスを力に変える教科書』［大和書房］）

防弾仕様のトレーダーになる目的は、トレードのストレスや不快さを避けたり取り除いたりするためではなく、それにうまく対処できるようになることなのである。

トレードや人生での出来事（人生のほうが役に立つかもしれない）で次のようなことが起こったときのことを考えてみてほしい。

●困難な時期を乗り越えた。
●厳しい状況や失敗や損失から回復した。
●困難な時期を比較的楽に乗り切った。
●あえて自分の快適ゾーンの外で挑戦した。

それぞれの状況で次の質問をしてみてほしい。

●どのように乗り切ったか。
●そのとき、どのような特性や強さや姿勢を示したか。

●どのようなスキルを使ったか。
●どのような教訓を得たか。

この練習は、防弾仕様のトレーダーになることが実験的な性質の試みだということを思い出させてくれる。だからこそ、トレードを改善する取り組みは、避けることではなく行動することを重視している。

「ライオンやヒドラや雄鹿やイノシシがいなかったら、あるいは世界を駆逐するような野蛮な犯罪者がいなかったら、ヘラクレスはどうなっていただろうか。そのような問題がなかったら、彼は何をしていたのだろうか」――エピクテトス

3 コミットメント

COMMITMENT

第5章

問題が起こったときの考え方

MINDSET OVER MATTER

トレードに対する考え方

「私たちがコントロールできるのは、起こったこと自体ではなく、それに対する姿勢である。本質的に悲惨なものなどない。死でさえも、私たちが恐れるから恐ろしいのだ」 ――エピクテトス

あなたの考えは、あなたの信念や認識やルールが合わさってできている。また、あなた自身や世界やさまざまなことについてどう考えているかも反映している。さらには、これが物に対する考えを形成している。トレードについてのあなたの考えは、市場やリスクや不確実性や資金や勝負やミスといった重要な要因に対する考えを定義すると同時に、定義されている。

図表5－1　トレードにおける考え方の役割

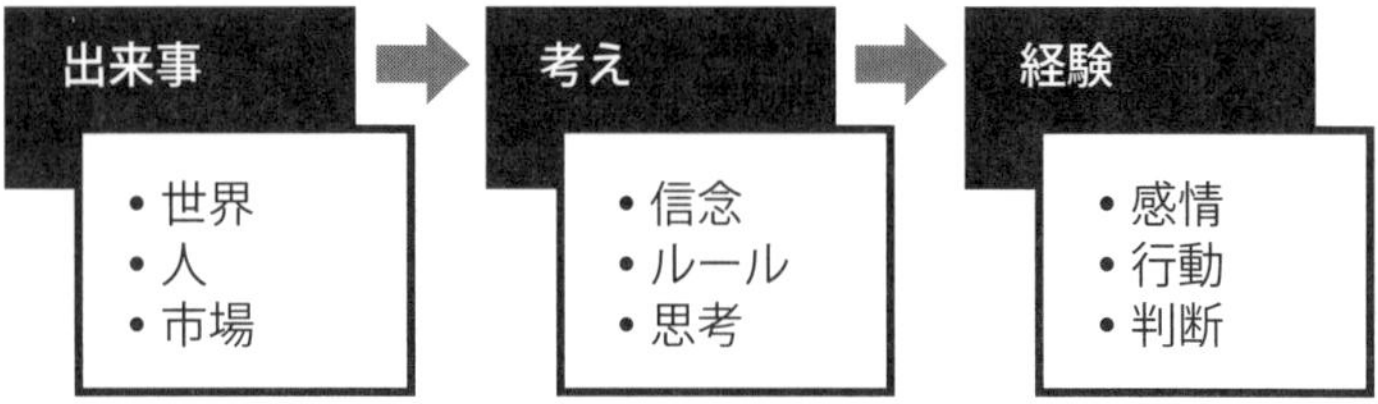

あなたの考えは、生まれたときから始まり、人生で出合う経験や環境の影響を受けて発達していく。家族や学校や生活、友人たち、スポーツ、趣味、継続教育、仕事などにも影響を受けている。トレードの本を読み、トレードの仕方を学び、実際に市場に参加することで、トレードに対する考えが構築されていく。

重要な出来事や人たちは、良いことでも悪いことでも、考えを形成するプロセスで前向きで大きな役割を果たしている。金融危機や厳しいドローダウンから、連勝や尊敬できる同僚や優れたコーチやメンターまで、みんなトレードで最高のパフォーマンスを上げる助けとなる信念や認識を育てる助けになっているのだ。

ただ、考えには助けになる側面もあれば、ならない側面、つまり勝率を最大にするためにトレードしなければならないときに、それをできなくすることもある。

防弾仕様のトレーダーになるための側面の一つは、成功につながるトレードを後押しする考え方を育てることである。このことは、本書で何回も出てくることだが、ここではストレスと挫折をどのように考え、どのように取り組めばよいかということに注目していく。

ストレスとその原因となる問題、挫折、損失、ミスなどについてどう考えるかは、トレーダーの経験や成功に大きな影響を及ぼす。

ストレスとうまく付き合う

健康心理学者のケリー・マクゴニガルは、『スタンフォードのストレスを力に変える教科書』（大和書房）のなかで、ストレスを避けるのではなく、うまく付き合うことの重要性について書いている。この本では、ストレスに対する認識とそれが健康に与える影響に関するいくつかの興味深い研究を紹介している。ある研究では、八年かけて二万八〇〇〇人の成人に、過去一年間でストレスが有害になったと思うかどうかと、ストレスをコントロールするためにどのような行動を取ったかを質問した。

強いストレスを経験し、それが自分の健康に影響を及ぼすと考えた人は、早死にする確率が四三％も高かった。

反対に、強いストレスを感じたが、それが自分の健康に影響を及ぼすとは考えなかった人は早死にする確率が最も低く、その値は弱いストレスしか感じなくても自分の健康に影響すると考えた人の確率よりも低かった。

この研究結果は、ストレスは私たちにとって有害だという従来の考え方に疑問を投げかけた。有害ではなかったのかもしれないし、ストレスの強さによって有害になるのでもなかった。むしろ、問題はストレスを有害だと考えるかどうか、つまりストレスに対する認識の仕方だったのである。

重要なのはストレスに対する考え方だったのだ。

この本からもう一つ引用しよう。この実験では、被験者を強いストレスの二つの状況に置く。被験者はまず、審査員（被験者を不安にさせる反応をするよう訓練を受けた人たち）を前にして自分の弱点に関する五分間のスピーチを録画し、そのあと同様の審査員を前に暗算テストを受ける（九九六から七を引いていく）。

このテストを受ける前に、ある被験者のグループにはこのような状況で感じるかもしれないストレスや体の反応（例えば、心拍数が上がる、呼吸が速くなる）は、体が目の前の問題に備え、最大の力を発揮できるようにする方法だと伝え、別のグループにはストレスを感じたり認識したりするとパフォーマンスに悪い影響を与えると伝えていた。結果は、前者のほうが後者よりも高いパフォーマンスを示し、ストレス度も低かった。

つまり、ストレスに対する考え方のほうが実際に受けるストレス自体よりも体や健康やパフォーマンスへの影響が大きいと考えられる。そうなると、トレードのストレスを管理するための最も重要な戦略の一つは、ストレスに対する考えを変えることになる。

トレーダーは、ストレスは通常のことであり、助けにもなり得るもの（重要な点）だと理解する必要がある。そうすることで、ストレスが長期的に健康に与える影響（慢性ストレス）を減らすことができ、短期的なトレードのパフォーマンスを上げる可能性もある（極度のストレス）。

ストレスはパフォーマンスを改善させるという考え方を習得するための二つのステップ

1. トレードに内在するストレスを受け入れる。
2. ストレス反応を、パフォーマンスを改善する有益なものとして見る。

損失とミスと挫折

損失やミスや挫折についてあなたはどう考えているだろうか。

マシュー・サイドは『失敗の科学』（ディスカヴァー・トゥエンティワン）のなかで、成功するために失敗が果たす役割を検証し、それを医療業界や航空業界のミスや失敗に対する文化と対比している。

サイドによると、昔から医療業界ではミスに対して否定的な文化で、報告率も低かった。これは、医療過誤で訴えられるのを避けたいという動機が影響していたのかもしれない。この文化によって、間違いが起こってもみんながそこから学ぶことができず、同じミスが繰り返され、パフォーマンスが改善されなかった。

一方、航空業界には間違いに対してははるかにオープンな文化がある。ここではミスを報告し、共有することが自社だけでなく、世界中の航空会社に対しても行われ、みんなが学ぶことができるようになっている。これによって業界全体がその恩恵を受け、安全水準もパフォーマンスも改善していった。

あなた自身はミスについてどのような考えを持っているだろうか。損失や挫折や困難についてはどうだろうか。

ブリッジウオーター・キャピタルのレイ・ダリオは、改善し、最終的に成功するためには間違いから学ぶことが欠かせないと確信している（レイ・ダリオ著『PRINCIPLES（プリンシプルズ）　人生と仕事の原則』［日本経済新聞出版］）。彼は、ミスを犯しても、それを理解して行動するようにすれば、トレードを改善するチャンスになると指摘している。トレーダーは、ミスとその教訓とトレードのプロセスで変えようと思うこと（必要ならば）を記録しておけば、それ以降のトレードで役立てることができる。さらには、この記録を見返すことでトレードをもっと強化できる。トレードでミスを完全に避けることはできないが、同じミスを繰り返さないようにすることはできる。

間違いや挫折や損失を成長のチャンスとしてとらえることができると、それらをより効果的に管理する助けに大いになる。

ストア派は、難題や挫折は人生の一部であり、自己を改善するための重要なチャンスであると強く信じていた。ストア哲学は、逆境は利点であり、障害は道だとみなす考えを発展させていった。

「私たちの行動が阻まれることは、確かにある。しかし、私たちの意思や心構えまで阻まれることはない。私たちはどんな苦境に直面しても、それに合わせて自分を変えていけるからだ。精神の働きによって、行動の障害になるものを、その達成に役立つものに変えてしまえばよい。そうなれば、行動の障害となっていたものが、かえって、その行動をより促してくれる。道に立ちふさがっていたものが、新たな道を指し示してくれるのだ」——マルクス・アウレリウス

この考え方はトレーダーにも大いに役立つ。

トレードの損失やミスや挫折に対処し、学ぶための三つのステップ。
1. 損失やミスや挫折を学ぶチャンスととらえる。
2. 特定の損失やミスや挫折について、どう考え、どう感じるかを書き出してみる。
3. 損失やミスや挫折から学んだことと、それによって将来どう行動するつもりかを書き出す。

ライバルの価値

スポーツ心理のコーチをしていると、ある特定の相手と対戦するときに限って不安になるアスリートがいる。相手はたいてい自分よりもランクが上だったり、優れていると言われていたりして、自分に勝つ可能性が高い人物である。

彼らのなかには、苦手な相手を心から恐れるようになる人もいて、どんなことをしてでもその人との対戦を避けようとする。しかし、相手を避けると短期的に不安は減っても、長期的に見れば、自分よりも優れた相手と戦って成長し、戦い方を改善し、より素晴らしい戦いができるようになるチャンスを逃している。

私は、このようなアスリートを手助けするために、自分よりも強い相手を恐れるのではなく、積極的に戦いを挑むよう意識改革を促している。まずは、Ｃｏｍｐｅｔｉｔｉｏｎ（競争）という言葉の意味をおさらいする。語源はラテン語のｃｏｍ（一緒に）とｐｅｔｅｒｅ（求める）で、二つが合わさって「一緒に探す」という意味になった。

つまり、勝ち負けの要素は入っていない。

私は、強い相手を恐れるアスリートには、競争は自分の技術や心の制御力や身体能力を高める方法を「一緒に探し」て成長するチャンスだと考える手助けをする。自分を成長させてくれる最高のチャンスを与えてくれるのが強い相手であり、より良い相手であり、自分を試すことができる相手であり、万全の準備を整えて挑むべき相手であり、自分の戦い方を改善するチャンスを与えてくれる相手なのである。

このような相手こそが価値あるライバルと言える。

素晴らしいライバルは、最高の自分を引き出してくれる。これは、潜在能力を最大限発揮したい人にとっては大きなメリットになる。

市場が厳しい時期に直面したときは、スポーツで強い相手と戦うときと同じように考えればよい。相手を恐れ、避けるべきなのだろうか、それとも価値あるライバルを相手に自分を試し、最高のトレーダーになるために成長させてくれるチャンスなのだろうか。

「難問に直面したときは、神がスポーツトレーナーのようにあなたに若いスパーリングパートナーを割り当てたのだということを思い出してほしい。理由は、汗をかかなければオリンピックには出られないからだ。目の前の難問を、アスリートにとっての若いスパーリングパートナーのようにとらえることができるならば、それはあなたにとって最高の挑戦になる」

――エピクテトス

防弾仕様の心を作り上げる

ストレスは有害なものではなく、普通のことで、役に立ち、損失や挫折や難問を学び、そこから成長し、自分のトレードのプロセスを磨くチャンスなのだと意識改革すると、これまでの市場や人間関係で経験した問題や困難を変換することができる。

困難な経験を、自分がいずれ達人になるため、成長を後押しするために遣わされた価値あるライバルと同じようなことだと考えることができるようになるのだ。

リスクや不確実性や損失やミスや、ドローダウンがもたらすストレスや困難や課題について、どのように考えれば、自分の役に立つのだろうか。

第6章

行動にコミットする

TAKE COMMITTED ACTION

モチベーショントラップ

私は長年にわたって何千人もの新人トレーダーを手助けする機会に恵まれてきた。彼らの多くは新卒で投資銀行に入ったり、プロップトレード会社のトレーニングプログラムに参加したりした人たちだ。そして、彼らのほとんどがトレードで成功する意欲がある（もしくはものすごくある）と語り、そのために「必要なことは何でもやる」と言っていた。

モチベーションとは成功したいという気持ちの表れだ。しかし、実際に成功するために必要なのはそのことに深くコミットすることである。

モチベーションとは自分の心の感じ方である。もちろん行動しようと思ってエネルギーを集中させるが、それは一時的なことで、その気持ちは高まることもあれば消えることもある。

それならば、モチベーションが弱いとどうなるのだろうか。それは、もしかするとドローダウンのときや、市場が静かなときや難しいときかもしれない。そのことは、効果的なトレードを行ううえでどのような影響を及ぼすのだろうか。

ここで、次の二つについて考えてみてほしい。

1. これからは、モチベーションが高いときのみトレードをし、勝率を最大にするための行動をする。やる気になっているときはトレードがうまくいき、利益が上がり、頑張ることができるし、気分も良い。
2. これからは、トレードをするときは勝率を最大にするためにのみ行動をする。これは、モチベーションが高いときも低いときも、やる気になっているときもやる気のないときも、気分が良いときも悪いときも、利益が上がっているときも損失が出ているときも、楽観的なときも悲観的なときも、落ち着いているときも不安なときも、リラックスしているときも怯えているときも、エネルギーが満ちているときも疲れているときも、自信があるときもないときもそうする。

あなたはどちらを選ぶだろうか。

多くの人は、特定の考えや気持ちやある程度のモチベーションなどの存在が特定の行動に結びついている。しかし、トレードにおいては内面がそのような状態になっていなくても、必要な行動をしなければならない。

●トレーダーは、たとえ直近のトレードで失敗したり連敗したりしたあとでも、その考えや感情に引きずられずに訪れたチャンスを生かすことができなければならない。

●トレーダーは、将来後悔するかもしれないと思っても、その考えや感情に引きずられずに勝ちトレードに乗り続けなければならない。

●トレーダーは、損切りしたあとに「市場が反転する」可能性がよぎっても、その考えや感情に引きずられずに損失を受け入れなければならない。

トレーダーが内面では否定的な考えや感情や身体の違和感などを抱えながらも、効果的な行動をしなければならない場面はよくある。

モチベーションからコミットメントへ

一生懸命にコミットメントすることは、行動に集中することである。これは、やる気にならないときや疲れているときや不安になっているときでも必要な行動はするということであり、内面に困難を抱えているときも同じだ。

コミットメントすることは長くかかる。その間にはモチベーションが下がることもある。ただ、特定の気持ちになる必要はなく、ただその瞬間に最も効果的な行動をすればそれでよい。

行動するというのは、心と体を変化させることである。行動すること自体が、感情やモチベーションを高める。実は、行動はモチベーションよりも先行することができる。

まずは行動、その結果、やる気につながるのだ。

私は長年、ハイパフォーマンス分野の優れた人たちのサポートをしてきて、モチベーションは成功するための重要な要素ではあるが、コミットメントのほうがはるかに重要だと考えるようになった。コミットメントのほうが、成功するための決定要因としてはるかに大きいということだ。また、これは心理的柔軟性やストレス耐性や精神的な強さにおいても核となる要因となっている。

行動にコミットする

オリンピックで金メダルが取りたいと思っている人に、エピクテトスならば次のように言うだろう。

「それはいい。ただし、自分が何をしようとしているのかをじっくり考えてほしい。このような願望は何をもたらすのだろうか。まず、何が起こる必要があるか。そのあとは何か。自分は何をすればよいのか。それ以外に何が必要なのか。これらの行動すべてが本当に自分のためになるのだろうか。もしそう思うのならば、やってみればよい。もしオリンピックで金メダルが取りたければ、適切な準備をし、力を伸ばすための厳密な計画に沿って忍耐の限界まで努力しなければならない。厳しいルールに従い、適切な食事をとり、暑い日も寒い日も決まった時間に精力的に練習し、飲酒はやめる。そして、トレーナーの指示には、医者の指示のごとく従わなければならない」(https://dailystoic.com/stoicism-for-athletes/)。

行動にコミットすることは、トレードで成功する可能性が高くなるステップを、定期的に一貫して行っていくことで、それによってエッジ（優位性）が強化されていく。ガードナーとムーアは、『ザ・サイコロジー・オブ・エンハンシング・ヒューマン・パフォーマンス（The Psychology of Enhancing Human Performance : The Mindfulness-Acceptance-Commitment [MAC] Approach』(Frank L. Gardner and Zella E. Moore, Springer Publishing Company, 2007）のなかで、コミットメントとは「最高のパフォーマンスに直接つながる可能性が高い特定の行動や活動を定期的に一貫して続けること」と定義している。

これは、短期的には自分のトレード戦略を実行していくことであり、規律や姿勢などと呼ばれることもある。

また、長期的には効果的な行動を、良いときも悪いときも続けていくことで、これは忍耐とも呼ばれている。

最高の状態で、自分のトレードの潜在能力を出し切るためには、規律と忍耐の両方が必要になる。

最高の状態で、トレードの潜在能力を出し切ることができるようになるためには、具体的にどのような姿勢で臨み、どのような行動をすればよいのだろうか。

最も難しい状況に直面したとき（損切りするとき、勝ちトレードに乗り続けるとき、ドローダウンのとき、ミスを犯したあと）には、具体的にどのような行動が最も効果的なのだろうか。

行動にコミットメントするときは条件を付けない

条件付きで行動にコミットメントすることなどできない。そのことは明言しておきたい（Acceptance and commitment Therapy : 100 Key Points and Techniques; Richard Bennett and Joseph E. Oliver, Routledge, 2019）。コミットメントするかコミットメントしないか、そのどちらかしかないのだ。

トレーダーがトレードするときに条件を付ける例をいくつか挙げておこう。

「後悔しないですむならば損切りする」

「間違ったときに後悔しないと思えるところまではこのトレードを保有し続ける」

「不安を感じないですむならば、喜んで大きなリスクをとる」

行動にコミットするということは、全身全霊をかけてコミットメントするということである。自分が気分が良くなるためでもなければ、成功が約束されているわけでもない。また、すべてのトレードはそのつもりで仕掛ける必要がある。より良いトレーダーになるためのすべてのステップも、そのつもりで踏んでいかなければならない。

たとえ成功の保証がなくても結果を気にせず全力でコミットすることについては、これまで多くのトレーダーである顧客に伝えてきた。この考え方は、常にトレーダーのストレスレベルや不安レベルを下げ、トレードの実行を改善する大きな助けになっている。

トレードの目標達成のために行動しようというとき、自分の内面に困難な経験（考え、感情、感覚など）がよみがえってきたら、何を優先してしまうだろうか。

泰然――規律あるトレードのコツ

「トレードにおいて私が最大のストレスを感じるのは、自分がトレード計画に従っていないときや、ポジションが自分のリスク限度を超えているときや、事前に決めたルールに従っていないときだ。これらは私を苦しめ、イライラさせる可能性がある。そうなったときはそのことを書きとめ、次のトレードは自分で設定したルールに必ず従うようにしている」――投資銀行のトレーダー

短期的に言うと、コミットメントや行動にコミットするとは一貫して自分のトレード計画を実行していくことであり、これは通常、規律と呼ばれている。規律はトレードの核となるテーマだ。私が顧客に規律についてどう思うかと聞くと、たいていは「計画を立て、それに厳密に従うこと」という答えが返ってくる。トレーダーはみんな、この定義による「規律に従わなか

った」ときを思い浮かべることができる。何をしたいかを分かっているのに、それをしなかったときだ。

泰然とは行動にコミットすることができる能力で、これはトレードをする気になれないような考えや感情や感覚にとらわれているときでも、すべきことを実行することである。カギとなる瞬間とは、例えば、サッカーワールドカップでのペナルティーキックの瞬間だ。なぜトップ選手はこのときストレスも不安も感じないのだろうか。実は、トップ選手も最高のトレーダーもストレスやプレッシャーがないわけではなく、それらがあってもパフォーマンスを上げることができるのである。これが泰然である。

泰然と共に行動するためには主に三つの要素がある。

●**コミットメント**　何が重要で、どんな行動をするべきなのか、自分のトレードのプロセスを理解し、その行動にコミットすること。

●**自覚**　自分の内面の状態（今の考えや感情や感覚）と、外部の状態（市場環境）を認識すること。

●**姿勢**　トレードで生じる不快感を受け入れようとすること。

忍耐――苦しくても進み続ける

トレードしているときに「なぜ自分はこんなことをしているのか」と思ったことがあるだろうか。もしあるならば、そのとき何が起こったのだろうか。それはどのような状況だったのだろうか。その問いにどう答えたか覚えているだろうか。

私は、トレーダーが特に苦しいときにこの質問をしてくるのを何度も経験している。私はたいてい「なぜあなたはそれをしているのですか」と返す。

困難に直面したときに、なぜ自分がこんなことをしているのかと自問自答するのは珍しいことではない。これは、耐える目的や理由を探し、進み続けるためのエネルギーを注入するための質問なのである。

防弾仕様のトレーダーに必要なのは、この質問に対する明確な答えである。そして、この答えは困難のなかでこの疑問がわく前に知っておかなければならない。

トレードの目的意識を持っておくことは、防弾仕様の重要な要素で、困難に耐えるうえでも大きな役割を果たす。この意識を持つことが、一番大事なときにさらなるエネルギーと集中力と意欲をもたらしてくれる。

厳しい状況にあるとき、自分の価値観を信じ、そのときすべき行動の強みや質を知っておくことはとても役に立つ。

あなたは、困難な時期にどのようにありたいだろうか。

忍耐は長期間、一貫して行動にコミットした結果と言える。つまり、トレードの課題や困難を克服するためには、すべきことを繰り返し行う必要がある。具体的には、自分のトレードスタイルや行動を市場の変化に適応させ、ドローダウンのときも損失から回復するときも前進し続けるということで、そうすることがトレードで成功するチャンスを最大にしてくれる。

「キュウリが苦いならば捨てればよい。道にイバラがあるならば避けて通ればよい。それだけ知っておけば十分だ」——マルクス・アウレリウス

よりコミットする

より強い気持ちを持ってコミットすれば、規律（泰然）も強化され、忍耐力も上がる。

防弾仕様になるためには、次の点を念頭に、より強い気持ちで積極的にトレードにコミットするよう勧める。

1. **目的を知る**　なぜトレードし、トレードから何を得たいのか（なぜ）。

2. **自分の価値を知る**　どのようなトレーダーになりたいのか。どのような性格の強みや行動の質を強化したいのか。そのことと目的はどのように関連しているのか（だれ）。

3. **プロセスを知る**　勝率を最大にするためにとるべき具体的なステップを明確に理解する。そのことと、自分の目的と価値観と目標はどのように関連しているのか（どのように）。

第7章 自分の価値を知る

KNOW YOUR VALUES

異なる手法

月曜日の朝、私は大きなホテルの会議室で、ある世界的なトレード会社のCEO（最高経営責任者）のスピーチを聞いていた。彼は、会社の幹部やトレード部門の責任者やトップトレーダーやリサーチャーを集めた一週間のオフサイトミーティングの開始を宣言した。

このときのスピーチは、今でも私の頭に残っている。この種のイベントで通常語られることとは大きく違っていたからだ。

「今年はプロに徹する一年にしたい。それぞれの役割のなかで最高のプロになってほしい。それぞれがこの意味を考え、自分と他人に対してどのような行動や態度をとるかを判断し

図表7－1

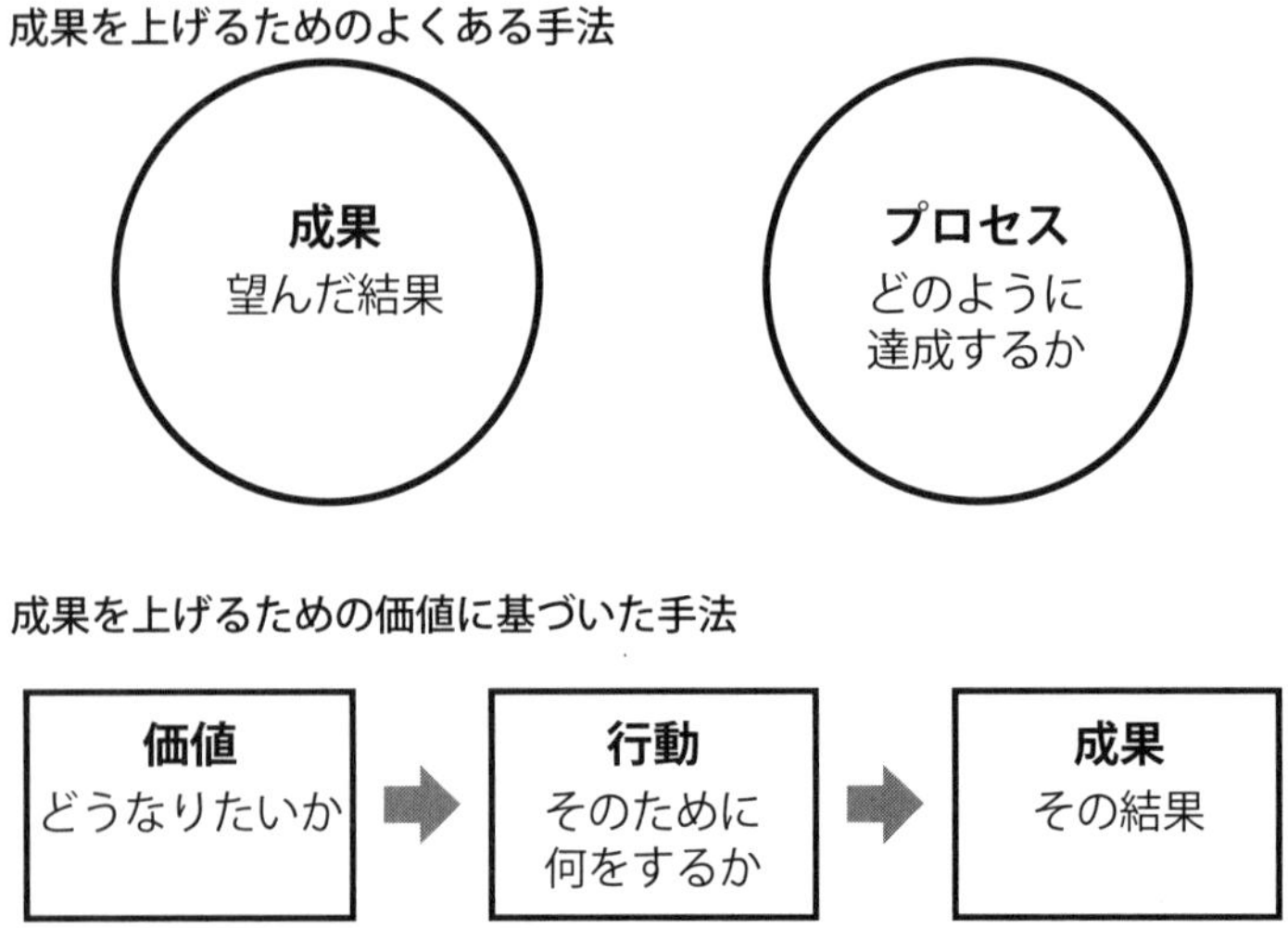

てほしい。私は、この会社の人材をもってすれば、自分がなれる最高のプロとしてできるかぎりの役割を果たすことにコミットすれば、自分にとって最高の成果を上げることができると思う。あとは、市場やそれ以外の外部要因が、会社の損益を決めることになる」

このスピーチについて私が驚いたのは、最初に達成すべき数字や結果や成果を語り、そのあと具体的な戦略について伝えるのではなく、最初にどう在るべきかを語っていたことだった。

彼は、特定の行動をもたらす姿勢について語っていた。

コントロールできない要素と、それが結果に及ぼす影響を認めていたのだ。それらのことを否定したり、必ず克服できるふりをしたりはしなかった。そうではなく、コントロールできることに集中するよう呼び掛け、その中心にあるのは価値観だった。

言い換えれば、価値観に基づいて成果を上げる手法である。

価値観の価値

短期的にも（規律、泰然）、長期的にも（忍耐）、コミットメントすることと決められた行動にコミットすることが重要だということはすでに書いた。しかし、どうすればそれが実行できるのだろうか。これまで以上にコミットメントし、忍耐強くなるために、私は自分の価値観に意識的に集中するよう勧めている。

自分の価値観（何が自分にとって最も重要か）が明確に分かっていると、ハイパフォーマンス分野においては大きな力になる。

私はトレーダーにコーチングをするとき、時間をとって彼らの本当の価値観を引き出し、明確にしていく。彼らが個人的に最も重要にしていることや、トレードにおいて大事にしていることなどに注目する。また、彼らが伸ばしたいと思っている性格の強みや行動の質などについても聞いていく。

会社に勤めている場合、「価値観」という言葉には反論がある人もいることは分かっている。

多くの会社では、理念や価値観は当たり前のことなので、わざわざ説明していない。ところが、それがたいていは社員やそのほかのステークホルダーの経験とはまったく切り離されたところにある。私はこのことを、あるトレード会社でコーチングをしていたときに直接目にした。この会社の壁には、素晴らしい価値観を示すポスターが何枚も貼ってあったが、トレーダーや経営陣の話を聞くと、会社の価値観と実際の行動に大きな隔たりがあった。

ただ、価値観というと抽象的な話になりがちなので、ここでは価値観ではなく選択的な行動の質、つまり行動の強みや性質として考えてみたい。これは自分の在り方であり、実践することができる。

私たちの価値観の根底にあるのは、自分にとって意味がある行動をとるモチベーションにつながる言葉で構築されたルールである（ポール・E・フラックスマン、フランク・W・ボンド、フレデリック・リブハイム著『マインドフルにいきいき働くためのトレーニングマニュアル』［星和書店］）。自分の価値観に基づいてトレードすると、内面の困難が表出しても、価値観が効果的な行動を取るよう導いてくれる。

人は価値観を持っていないと、正しくあることや、人から良く見えることや、内面の困難を避けることや、長期的なメリットにならないとしても短期的に良いことをしようとする傾向がある（『マインドフルにいきいき働くためのトレーニングマニュアル』）。

自分の価値観を明らかにする

時間をとって次の質問について考え、答えをどこかに書き留めておいてほしい。

●どのようなトレーダーになりたいか。

●トレードで、行動のどのような強みや質を示したいか。

●トレードやトレード以外の自分のロールモデルを思い浮かべてほしい。あなたはその人のどのような強みや質を最も尊敬しているのか。

答えを箇条書きにして、それについてよく考えてみてほしい。

これであなたが評価する行動の強みや質のリストができた。次はそのなかの一位から五位を決めてほしい。

価値に基づいて行動にコミットするためのパターンを作る

時間をかけてまでトレードにおける価値観を定義するメリットの一つは、それを使って行動にコミットするためのパターンを作ることができることである。価値観に支えられた行動は、そうでない行動よりもストレスや逆境の下でも堅牢性がある。価値観は深く本質的に行動を促すモチベーションとなる。

価値を行動に転換することは重要だが、省略されてしまうことが多いステップである。これは、基本的にトレードで自分の価値観を反映するためには具体的にどのような行動を取ることができるかということである。つまり、価値観から行動を決めるということだ。また、価値観と目標を関連付け、よりコミットメントし、どのような行動が目標の達成を助け、自分の価値観とも合っているかを考えてみるとよい。これは、行動にコミットし、泰然として忍耐強くあるための強力な方法である。

先に挙げたトレードの五つの価値について、トレードにおいて自分の価値観を反映する具体的な行動を三つずつ書き出してみよう。

図表7−2　価値観を行動に転換する

価値	トレードにおける行動

価値観とストレスと困難

スタンフォード大学の研究者たちが価値観について一五年分の研究を分析した結果、人は価値観と関連付けると次の確率が高くなることを発見した。

●困難な状況を変えることができると考えるようになる。
●避けるよりも前向きの行動をしようとする。
●逆境を一時的なことだと考えるようになる。（https://pubmed.ncbi.nlm.nih.gov/24405362/）

このような前向きな行動をしようとする考え方は、時間がたてばさらに強化していく。そうなると、ストレスや困難に直面したときの自分への声掛けが変わり、さらなる前向きな行動を促したり信念を強化したりすることで、自分が逆境に対応できると思えるようになる。

これが、研究者が言うところの「個人的な妥当性のナラティブ」を生み出す。

スタンフォード大学で行われた研究では、学生に冬休みに日誌を付けるよう指示した（The Road To Excellence : The Acquisition Of Expert Performance in the Arts and Sciences, Sports and Games ; K. Anders Ericsson, Lawrence Erlbaum Associates Inc, 1996）。一つのグループには、自分の価値観とその価値観がその日の行動にどのように反映されたかを書くよう

に伝え、別のグループにはその日起こった良いことを三つ書くよう伝えた。冬休みが終わり、日誌を回収して分析すると、価値観について書いたグループのほうが健康で、大学生活で受けるストレスにより自信を持って対処していた。面白いことに、価値観について書くことで最も大きなメリットを得たのは、休みの間に最大のストレスを受けた人たちだった。

自分の価値観について書くことは、非常に効果的な心理的介入で、短期的なメリットがある（自己制御ができる、精神的に強くなった、痛みにより耐えることができる、苦しい経験をしたあとでも自己制御して思い悩むことが減ったなどと感じる）。そして、長期的にはより健康で幸福になった。価値観について一回、一〇分だけ書くだけでも、将来にメリットを得ることができるのだ。

> トレードにおける五つの価値の一つについて一〇分間書いてみよう。
> なぜこの価値が自分にとって重要なのか。この価値をトレードでどのように表現するのか（今日やったことを含めて）。
> この価値が、トレードで困難に直面したり、判断を下したりするときにどのような指針になるかも書いてみよう。

徳

ストア哲学の中核は、アレテ（徳、美徳）に従って生きるという原則である。これは、すべての瞬間に最高の自分を表現し、今この場で自分自身の最高のバージョンでいることである。つまり、高い価値観に沿った行動をするということだ。

私はかつて、トレードで逆境に直面したときの対処の仕方について助言してほしいというスポーツトレーダーと契約したことがある。私が示した指針のなかで彼が共感したのが、厳しい時期に自分にとって価値が高いと思う強みと行動を結び付けるということだった。何に賛同し、どのようになりたいかをよく考えるということである。

トレードで問題や困難な状況に直面した瞬間にこのような質問をすると、価値観や強みや質について思い起こす助けになり、それによって効果的な行動ができる。

「この瞬間、またはこの状況で、トレーダーとして最高の自分を出すにはどうすればよいのか」

「この瞬間、またはこの困難な時期において、自分はどのような人間になりたいのか」

トレードをしているときに困難で厳しい状況に直面したと想像してほしい。

●それぞれの状況で反応の指針として思い出すべきは、どのような価値観なのか。

●それがもたらす価値観に基づいた効果的な行動とはどのようなものか。

状況	価値感	価値感に基づいた効果的な行動

自分が大事にしている性質の強みと行動の質を関連付けると、ストレスの多い瞬間や市場の困難な時期に自分がなれる最高のトレーダーになって、うまく切り抜けていくことができる。

「まずは自分が何になりたいかを自分に言おう。あとは、自分がすべきことをすればよい」
――エピクテトス

4 リスクと不確実性

RISK AND UNCERTAINTY

第8章 リスクを管理する

MANAGE YOUR RISK

リスクとストレスとトレード判断

人の脳は、脅威やリスクを評価・判断するために最適化されている。脳のなかには、常にリスクと利益や、脅威と好機を監視するために研ぎ澄まされた電気回路と機能がある。基本的な監視システムは、生き残るための中核である。まず、殺されないで生きていかなければならない（リスク）。そのうえで、生き続け、種を維持していくために食べ、繁殖していかなければならない（利益）。もちろん、後者は前者を達成しなければ意味がないため、脅威の精査とリスクの管理が高度に発達し、脳のなかに深く根づいた。

市場でポジションを建てると、リスクをとることになる。そのとき、リスク検出のプロセスが始まる。まずは精査だ。「これは脅威なのか」。もしそうならば、「この脅威はどれくらい危険か」。そして最後に、「この脅威に対処する方策を持っているか」と考える。

自分がとったリスクに対処する心理的・生理的・金銭的方策を持っているのならば、体はパフォーマンスが向上するチャレンジ反応の状態になる（https://www.ncbi.nlm.nih.gov/pmc/articles/PMC3410434/　Mind over Matter：Reappraising Arousal Improves Cardiovascular and Cognitive Responses to Stress；Jeremy P. Jamieson, Matthew K. Nock, and Wendy Berry Mendes; J Exp Psychol Gen. 2012 Aug; 141[3]: 417-422. [In The Upside of Stress: Why Stress is Good for You〔And How to Get Good at it〕；Kelly McGonigal, Penguin/Random House, 2015]）。しかし、とったリスクが自分の心理的・生理的・金銭的方策の限界を超えていれば、体は脅威反応に変わる。これはパフォーマンスを悪化させる状態で、認知機能（判断や自己制御を含む）が下がる。

「これから薄商いになったり、ボラティリティが高まったり、大きすぎるポジションを抱えているときに逆行したりしそうなとき、トレードのストレスがとても高まる。そうなると、心配なポジションに集中するあまりほかのチャンスに気が回らなくなる。また、大きなポジション（自分が安心できるサイズを超えている）を保有していると、トレード管理にも影響が出てくる。損益のスイングが大きすぎて目標値まで保有できなかったり、損失が確定するのを嫌って決めていた損切りができなくなったりする」

――ヘッジファンドトレーダー

市場でとるリスクの大きさによって、自分に耐えられるストレスの大きさが決まり、自分が受けたストレスの大きさによって、トレード判断が影響を受ける。そのため、最適なリスクのとり方をしてトレード戦略をできるだけ効率的に執行することで、市場のチャンスを最大限生かし、全体のリターンをできるだけ大きくすることを目指したい。

最適なリスクのとり方

「私にとって最もストレスが高くなる状況は、ポジションサイズが大きすぎるか、一度にトレードする銘柄の数が多すぎるときだ。こういうときはどこかの時点で冷静さを失い、早まった判断を下してしまう。あとから見ると正しい判断はほとんどできていないが、ストレスから逃れたくて急いで決めてしまうのだ。しかし、それが長期的には失望に変わる」――先物トレーダー

私は、トレードで大きなストレスを抱えているトレーダーを見てきた。その元となっているのは、心理的か、生理的か、金銭的な準備ができていない段階でポジションを建てたことで、

市場が逆行すればストレスはさらに大きくなる。

時には、利益達成のプレッシャーから自分にとって安全領域外のリスクをとってしまい、それが判断の質を下げ、さらなる損失をもたらすこともある。これでは悪循環になりかねない。もちろん、トレーダーが大きすぎるリスクをとって勝てば気分は良い。しかし、短期的な喜びは得られても、その程度の規律とプロセスでトレードを続けていれば、長期的に成功する確率は低くなる。

防弾仕様の観点から見ると、最適なリスクのとり方を目指したい。つまり、どのようなチャンスであっても、自分にとって最適なバランスを見つけることが重要だ。トレードを効果的に実行できるならば、できるだけ大きなポジションをとることは自分と自分の戦略にとって正しい。

スティーブ・クラークが『**続マーケットの魔術師――トップヘッジファンドマネジャーが明かす成功の極意**』（パンローリング）のなかで言っているとおり、自分が受け止められる感情の範囲内でトレードすべきだ。また、ジョー・ビディチも「すべてのポジションのサイズを限定しておけば、恐怖が判断の基準になることはない」と言っている。

私は以前、大手投資銀行のトップトレーダーに一日研修を行ったことがある。締めくくりの夕食会のとき、世界中のトレード部門の責任者で、広く尊敬され、実績もあるトレーダーが短いスピーチを行った。そのなかで、彼がリスクをとる場合の「スイートスポット」について語った。チャンスを最大限生かすことと規律を持って執行することのバランスをとることが極めて重要だということや、このスイートスポットを超えたときに生じる危険と問題、つまりリスクをとりすぎると困難に巻き込まれることなど、とても印象に残った。

リスクのスイートスポット

リスクとパフォーマンスをグラフにすると、逆U字型になる（**図表8－1**）。リスクが低すぎるとパフォーマンスも低くなる。このとき、トレーダーはおそらく小さなトレードばかりしているため、そのポジションに全力で集中していない。もしかすると、逆行していても計画以上に保有し続けてしまうかもしれないし、無関心になったり退屈したりするかもしれない。このような場合、判断とトレードのプロセスはきちんと実行されなくなる。

一方、高すぎるリスクをとると、**図表8－1**の右端のように脅威反応が起こる。感情が高ぶり、ストレスも高くなり、心配と恐怖が出てくる。このときも、判断とトレードのプロセスはきちんと実行されなくなる。

この二つの状態の間にスイートスポット、つまり最適なリスクの範囲がある。利益の最大化と、戦略の実行のバランスがとれているところだ。

このスポットはどうしたら見つかるのだろうか。

図表８－１　リスクとパフォーマンス――最適なリスクのスイートスポット

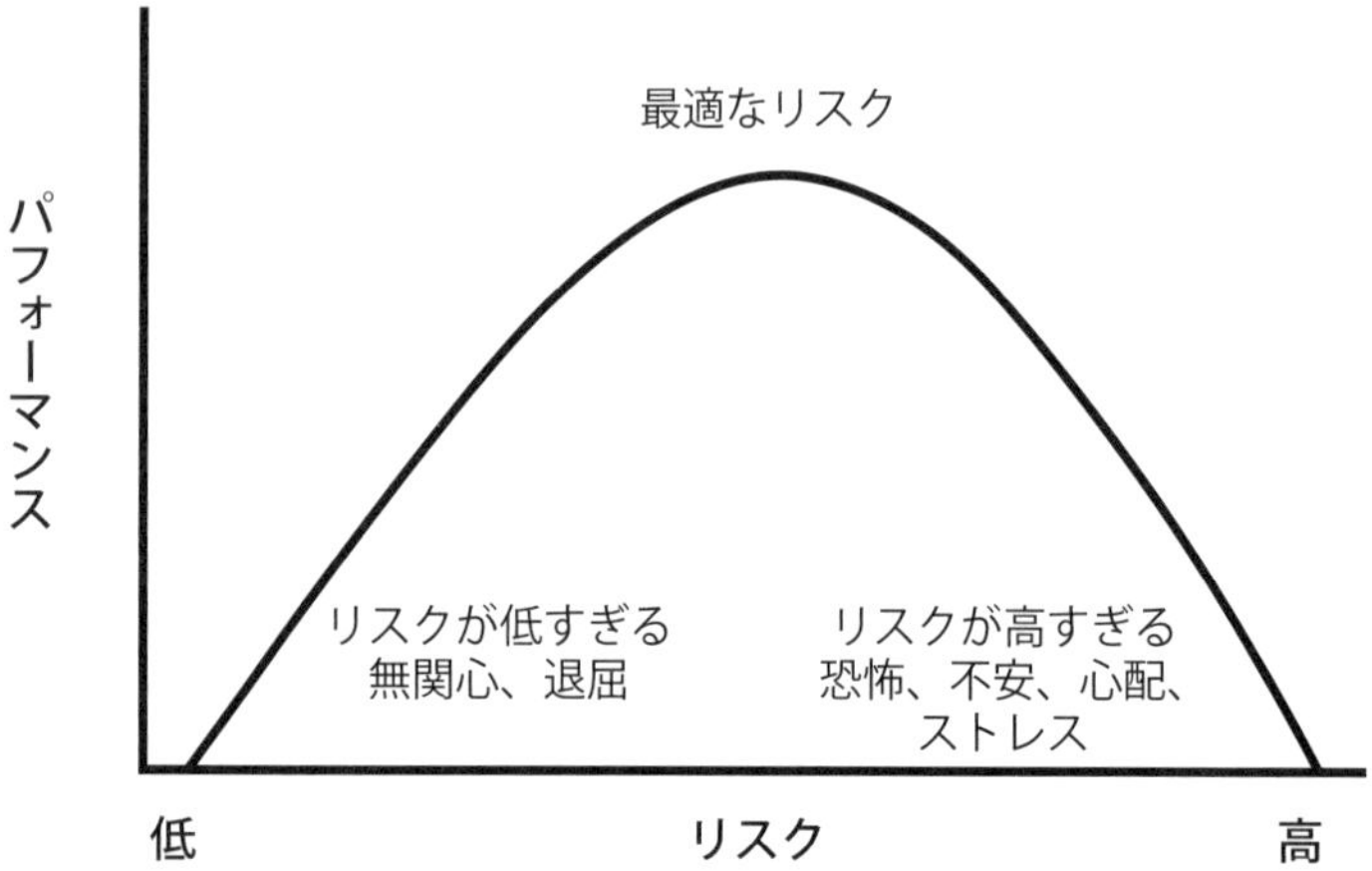

多くのトレーダーは、試行錯誤して見つけている。研究やモデリングによって探す人もいる。ちなみに、スイートスポットの範囲かどうかを判定する単純な方法の一つは、自分のポジションについて心配やストレスや恐怖を強く感じていれば、それは大きすぎるトレードをしているのかもしれない。

ポジションサイズの見極めは、状況に合わせて行う必要がある。**図表８－１**のカーブは、トレーダーや市場や戦略や状況（例えば、すべての市場のイクスポージャーや現在の損益や資金量）などによっても変わってくる。

最適なポジションサイズの範囲を左右する要素はたくさんある。一部を紹介しておこう。

- 経験とスキルの水準
- 個人的なリスク許容量
- 戦略
- 市場の流動性とボラティリティ
- 現在の損益
- 生理的な状態
- 市場リスクやイベントリスクの水準
- いくつのポジションを抱えているか

市場は動的で、これらの状況も常に変化しているため、ポジションサイズとリスク管理も動的なプロセスになる。私はこれまで、トレーダーが市場の状況や自身の心理的状況や生理的状況と関係なく特定のサイズのポジションに固執するという間違いを犯すのを何度も見てきた。

ポジションサイズを柔軟に変えることの重要性について、私はよくウインドサーフィンの例えを用いて説明している。ウインドサーファーは、ボードと帆を組み合わせ、種目（スピードやスラロームやレースやウエーブセイリングやフリースタイルなど）や天候や海水の状況に合わせて最高のパフォーマンスを目指す。

風が強いときに大きなボードと大きな帆を選ぶと、楽しくないしうまくいかないだろう（その日、最大の帆を使っているというエゴは満たされたとしても）。

プロのウインドサーファーは、エゴを満たすための最高の見栄えではなく、最高のパフォーマンスが見込めるボードと帆を選ぶことに集中している。トレーダーも同様にポジションサイズを決める必要がある。

市場の状況と戦略と自分の状態とそのほかの重要な要素に注意してチャンスを最大限生かしつつ、計画を質の高い執行ができるサイズや戦略の組み合わせを選んでほしい。

リスクを認識した判断

リスクを意識して判断を下すことは、自分がトレードでとるリスクをよりよく知ることにつながる。これは自分のリスクのとり方に影響を及ぼす内面と環境の文脈を意識することでもある。そして、これは動的なプロセスで、柔軟性が必要とされる。柔軟にポジションを調整する素晴らしい例が**『続マーケットの魔術師』**（パンローリング）に載っている。

「マーティン・テイラー（ネブスキー・キャピタル）は、市場のリスクが高まっていくなかで、高ベータ銘柄をかなりネットロングの保有状態で二〇〇八年に突入した。大きすぎるイクスポージャーを心地悪く感じていた彼は、一月初めにポジションを大幅に減らした。そのため、この月の終わりに市場が急落したときには長期のイクスポージャーを増やす準備が整っていた。もし彼がネットロングの状態を続けていたら、リスクを下げるために下げ相場で売らざるを得なくなり、そのあとの完全復活に便乗することができなかったかもしれない」（『続マーケットの魔術師』より）

重要なのはポジションの大きさではなく、チャンスを最大限生かすことと執行や判断の質のバランスをとることであり、それはストレスをもたらす大きすぎるイクスポージャーを減らし、リターンを最大にすることでもある。

第9章 不確実性を受け入れる

EMBRACE UNCERTAINTY

どっちの箱か

目の前に、ふたの閉まった二つの箱がある。箱Aはボールが一〇〇個入っている。赤が五〇個、青も五〇個だ。箱Bにも赤と青のボールが一〇〇個入っているが、それぞれの数は分からない。

賞品をもらうためには箱と色を決めて、自分の言った色のボールを取り出さなければならない。

あなたならば、どの色を狙うだろうか。また、どっちの箱を選ぶだろうか。

ここで注目すべきはボールの色ではなく、どっちの箱を選ぶかである。ほとんどの人が選ぶのはどっちの箱だろうか。答えは箱Aだ。

なぜ、多くの人はBではなく、Aを選ぶのだろうか。

確実性、つまり分かっているからだ。

箱Bには、あなたが決めたボールの色のほうがはるかに多く入っている可能性が十分にある。しかし、その確率は分からない。もちろん、この可能性はかなり低いかもしれない。つまり、確実性がないのだ。既知という安心感（あるいは未知という不安感）から、人は箱Aを選ぶ。

このことは、トレードの観点からも興味深い。トレードには、不確実性、未知、厳密に計算できないリスクなどが複雑に絡み合っており、これは箱Aを選ぶよりも箱Bを選ぶことにかなり似ているからだ。

市場とトレーダーと不確実性

人は一般的に不確実なことよりも確実なことのほうを選ぶ傾向がある。しかし、市場は安定もしていないし、確実でもない。マーク・ダグラスの言葉を借りれば、「市場はすべての瞬間が唯一の瞬間」なのである（マーク・ダグラス著『ゾーン』［パンローリング］）。

次に何が起こるかを確実に知ることはだれにもできないため、トレーダーは将来、市場で起こり得るさまざまなシナリオとその結果を思い浮かべると、不安になる。つまり、彼らが直面する主要な課題の一つは、市場の不確実性に対処する能力を身に付けることである。

あなたは研究室のパソコンでゲームをしているとしよう。これは画面上の石を選ぶゲームで、罰則がある。石のなかには後ろにヘビが隠れているものがあり、それを選ぶと手に少し痛いショックが与えられるのだ。ゲームが進むにつれて、コンピューターがあなたの選択肢に対する不確実性のレベルを予想し、それと合わせて、あなたのストレスレベルを瞳孔拡張と発汗量で計測している。

これはユニバーシティ・カレッジ・ロンドンで実際に行われた実験である（https://www.forbes.com/sites/alicegwalton/2016/03/29/uncertainty-about-the-future-is-more-stressful-than-knowing-that-the-future-is-going-to-suck/?sh=20cecda8646a Origin Nature Communications journal）。結果は、状況が不確実なときほど、ストレスが高くなった。実際、確実にヘビが見つかるときよりも、ヘビが見つかるかどうかかなり分からないときのほうがストレスが大きかった。

不確実なとき、特に悪い結果になるかもしれないことが分からないときのほうが、ストレスが大きくなる。そして、トレーダーはこのような状況に常にさらされている。

トレードですべてが計画どおりに進むことがどれだけあるだろうか。おそらくほとんどないだろう。市場は動的で不確実なところだ。ただ、市場の性質を変えることはできないが、それに対する自分の反応は変えることができる。

市場の不確実性により効果的に対処するための精神的な枠組みとスキルを身に付けることは

できるということだ。

無常

「人は同じ川に最初に入ったときと同じように、二度目も入ることはない。なぜなら、川は常に変化しているし、人も常に変化しているからだ」　――ヘラクレイトス

無常（永遠不変のものはないということ）は、私がマインドフルネスのトレーニングで得た原理である。そして、これはストア哲学の主要な部分でもある。すべてのものは時とともに、瞬間ごとに、常に変化しているという考え方である。内面の思考や感情や感覚は、永遠に変化し続けていく。そして、外部の世界では、市場も常に変化している。

無常ということを理解すれば、要するに自分の内と外からの経験によって不確実性を受け入れることができるようになる。こうすることで、ストレスと不安を減らすことができる。そして、無常と自分の精神的な枠組みを結びつけると、より柔軟にトレードできるようになる。これこそが、市場の転換や変化を受け入れ、それにトレードスタイルや戦略を合わせていける力なのである。

無常という考え方は、連敗やドローダウンの時期や困難な時期に大きな役割を果たす。つま

り、連敗は無常ということだ。永遠には続かない。また、市場が変化する時期も無常だ。永遠ではない。そして、損益の変化も無常だ。永遠ではない。

トレードでも人生でも永遠に続くことはない。どちらも無常なのである。

不確実性に慣れる

不確実性にうまく対処できるようになるためには、不確実性にさらされる必要がある。そのなかで不確実性と共存し、乗り越えていくことを学ぶのが最善策と言える。

顧客に無常と、人の内面と外部環境が常に転換し変化していることを理解してもらう一つの方法として、私はマインドフルネスに基づいたメンタルトレーニングのテクニックであるオープン・アウェアネス・トレーニングを用いている。この訓練の概要を簡単にまとめておく。

このオープン・アウェアネス・マインドフルネスに基づいたメンタルトレーニングは、不確実性を経験しその無常さに慣れることと、その無常さを快適に受け入れられるようになる手助けとなる。

椅子に楽な姿勢で座る。足をしっかりと床につけ、背筋を伸ばし、体はまっすぐしつつもリラックスする。

肩と首と腕の力をできるだけ抜く。時間をかけて緊張感を解いていく。大きく息を吸い、吐き出しながらリラックスしていく。

目を閉じてもよい。目を開けているならば、自分の前の床をぼんやりと見る。

しばらく呼吸に集中する。心を呼吸に合わせて落ち着かせる。息を吸って、息を吐いて……。

それができたら……呼吸は忘れて心に浮かんでくるものに目を向ける。

最初に浮かんだこと……音……考え……体の感覚……それ以外の何か……に全神経を集め、それをアウェアネス（気づき）のアンカーにする。

その浮かんだことを客観的に観察する（自分の呼吸、浜辺の波などを観察するように）。

それについて考えない……それにかかわらない……それを引き留めたり遠ざけたりしない。ただ観察する。

客観的に観察するのが難しければ（気づいたらかかわっていたなど）、そのことに短い名前を付けるとよい。もし市場のことが浮かんだならば、それに「市場」と名前を付けて、その内容ではなく、浮かんだ経験を観察する。名前は、さらに簡単に「考え」「音」

「気持ち」などとしてもよい。

浮かんだことに集中できたことに気づく……そこにあることに気づく……どこかの時点でそれが変化したり消えたりするかどうか注目する。

浮かんだことが消えたら集中を解き、同様に次に浮かんだことを受け入れる準備をする。もし受け止めきれなくなったり、注意力を安定させたりしたいときは中断し、リラックスし、浮かんだことから一度離れて、自分の呼吸に集中する。しばらくして集中力が安定したら、呼吸から離れて再びアウェアネスを受け入れる。

どのタイミングでもアンカーに戻ったり、単純に呼吸に集中したりしてよい。

公衆浴場で起こること

ストア派の哲学者エピクテトスは次のように言っている。公衆浴場に行くと、おそらく「人を押しのける者、しぶきを飛ばす者、人のものを盗む者までいる」だろうが、それに対して怒ることもできるし、自分に「公衆浴場に行けばこのようなことが起こるものだ」と言い聞かせることもできる。

後者ならば、起こったことは単純に、そのような環境ではよくあることだと分かっているため、それに対して怒ったりイライラしたりしないだろう（https://dailystoic.com/embrace-the-uncertainty/）

トレーダーと不確実性の難しさに関する興味深いパラドックスの一つを紹介しよう。顧客にトレードを始めた理由やトレードの楽しいところを聞くと、変化に富んでいるからという答えが非常に多く返ってくる。彼らは変化、つまりこの仕事の予想ができない性質に引かれてトレードを始める。しかし、この変化は本質的にトレードの不確実性と常に新種の出来事が起こるという性質から来ており、これらは表裏一体なのである。

あなたは不確実性を捨てて確実性をとるだろうか。変化を捨てて退屈をとるだろうか。

トレードでは、市場が予期しない動きを見せ、新しい出来事が起こるし、データも必ずしも期待どおりにはならない。トランプ大統領のツイートやマイクロクラッシュなど、物事は予想したとおりにはいかないものだ。しかし、これらの出来事や状況は起こるものであり、トレードの特性であり、環境の一部だとして受け入れれば、あまり心をかき乱されなくなる。

これから起こることはすべて不確かであり、受け入れるしかない。市場がこの先、どうなるかをコントロールすることはできない。できるのは、起こったことにどう自分が反応するかということだけなのである。

第10章 最悪の事態に備える

PLAN FOR THE WORST

成功に備える

見返りやプレッシャーが大きい環境で戦っている人たち（例えば、一流のアスリートやスポーツ選手や軍人やトレーダーやファンドマネジャーなど）は、最高のパフォーマンスを上げるために十分な準備を整えることの重要性にずっと前から気づいている。

準備と計画はハイパフォーマンスサイクルの第一段階で、トレードをどれくらいうまく執行し、管理できるかに影響を及ぼす。

トレードに十分備えることにはいくつかの重要なメリットがある。

●**一貫性**　繰り返し準備することで、トレードのプロセスに一貫性を感じることができる。

図表10－1　ハイパフォーマンスサイクル

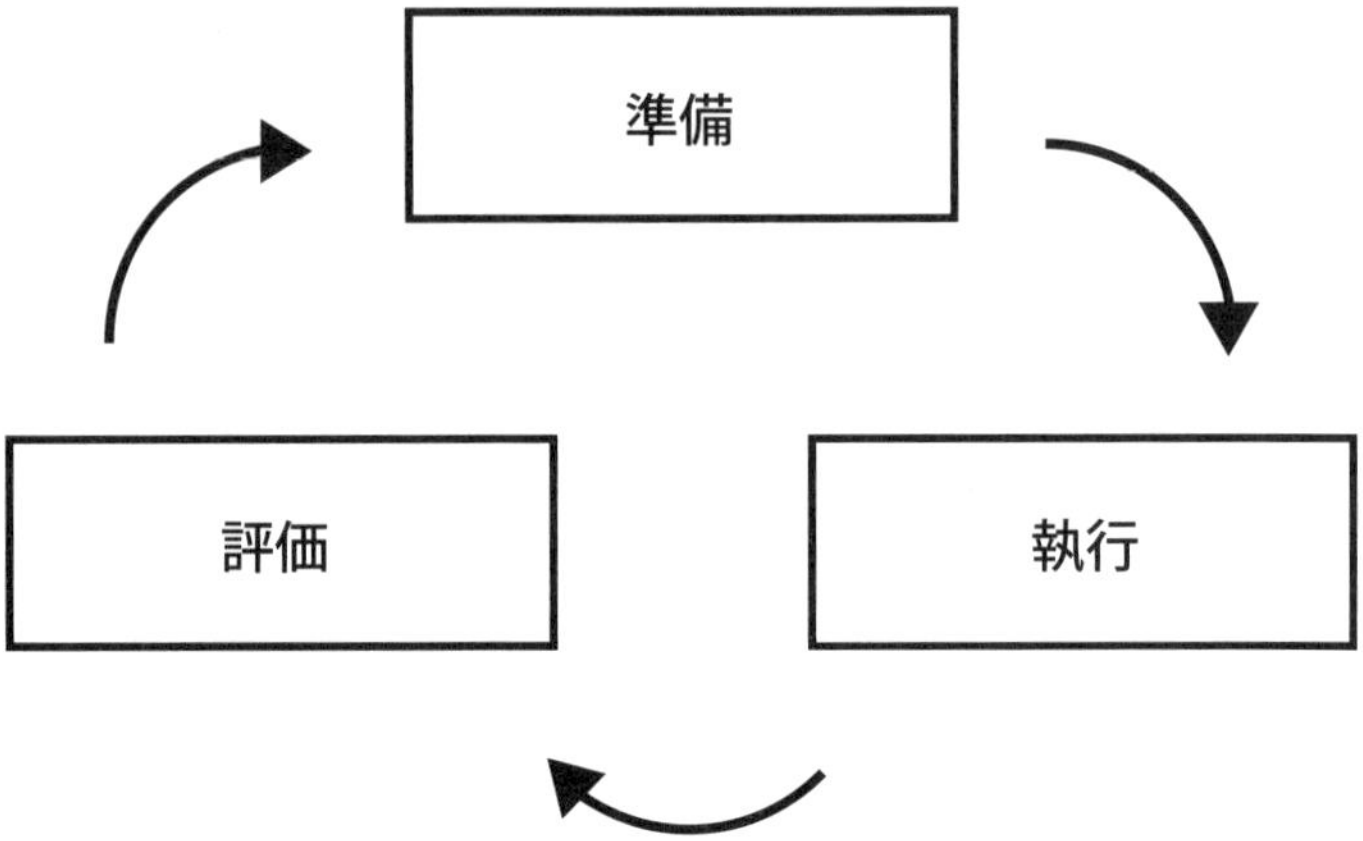

●**自信**　十分準備をしていないと思うと不安になり、そこから疑念や矛盾を感じて自信が低下し、計画の執行に影響する。

●**コントロール**　市場に対してどれくらい準備するかは自分でコントロールできる。これは、トレードにおいて自分でコントロールできる数少ない変数の一つと言える。

●**冷静さ**　十分準備を整え、特に複数のシナリオや「イフ・ゼン（もしこうなれば、こうする）」式の対処法を想定しておけば、それによってより冷静を保ち、市場の難しい瞬間もより効果的に行動できる。

●**集中**　準備段階でのルーティンは、トレードに気持ちを集中させる「トリガー」として、頭を切り替える助けになる（例えば、目覚めた状態から、パソコンの前に座ってトレーダーとしての頭に切り替える）。

自信やコントロールや冷静さや集中は、どれもトレーダーにとって精神的な価値ある資産であり、どれも防弾仕様のトレーダーになるための重要な役割を担っている。

もちろんトレードの準備の仕方は人によって違う。トレードする市場やトレード戦略やトレーダー自身の好みなどに影響を受けるからだ。通常、ほとんどのトレーダーの準備は、ニュースやデータやファンダメンタルズやテクニカルチャートを分析し、可能なトレードチャンスを探す。準備は、たいていは、私が「テクニカル・戦略的」と呼んでいるほうにバイアスがかかっており、必ずしも「精神的・感情的」なことを十分カバーしていない。しかし、後者は市場で逆境に陥ったときにさらなる防弾力を発揮できるようになるためには、重要なことなのである。

ホワット・イフ

「予期しないことが惨事の重みを増し、驚きが人の痛みを増長させることは間違いない。そのため、予期しないことはけっしてあってはならない。そのため、私たちはあらゆることに気を配り、通常の経過だけではなく、実際に起こるかもしれないことをすべて考えておく。人生における運命の女神は、気が向けばいつでも傲慢な鼻をへし折る」

――セネカ

オリンピックに出場した自分の姿を想像してみてほしい。大事な晴れ舞台だ。自分の人生で最高のパフォーマンスを出すべき時が来た。これまでずっとこの日のために頑張ってきた。過去四年間は、オリンピックのためにすべてを捧げてきた、すべてこの瞬間のために。コンディションはこれまでで最も良い状態にあると思う。少し緊張はしているが、早くウォームアップのルーティンを始めて、競争モードに入りたい。

時間どおりに選手村からバス停に行ったが、バスが来ない。問題が起こって遅れているのだ。これではいつものようにウオームアップができない。

あるいは、オープンウオータースイムやトライアスロンの選手で、レースが始まってすぐにゴーグルが外れてしまったら、どうだろうか。

自分だったらどう感じるだろうか。どう行動するだろうか。

大きなスポーツ大会では、たくさんの意図しない出来事が起こる。そのとき、このような事態に備えたり訓練したりしていない選手は、自分の試合に集中できなくなる。選手をサポートするスポーツ心理学者が長年、戦略のレパートリーに加えてきた重要な要素の一つが、起こるかもしれない異なるシナリオを幅広く想定し、それらに効率的に対応できるように技術的なスキルと心理的なスキルを選手に身に付けさせることである。このなかには、そのための訓練と事前のリハーサルも含まれている。

この対策は、「ホワット・イフ（もしあることが起こったら、どうするのか）」計画、「イフ・

ゼン（もしこうなれば、こうする）」計画などと呼ばれており、私は自分の顧客には必ず勧めている。

イフ・ゼン

「ホワット・イフ」シナリオは、トレードの準備に加えておくべき重要かつ効果的な戦略である。その最も役に立つメリットの一つは、起こるかもしれない不確実な出来事がどのようなものかを考えておくことで、不確実性がもたらすストレスと不安を下げる助けになる。また、不確実性に対処するための戦略を作る助けにもなる。

このことを、私は予測された不確実性と呼んでいる。

「私にとって最もストレスが高くなるのは、ブレグジットやヨーロッパの主要国の選挙などといった重要なリスクイベントがあるときで、最大の理由はボラティリティが上がるからだ。このような状況に対処するため、私は事前にしっかりと計画を立てるようにしている。まずは、ホワット・イフ計画を作り、トレーダーのグループとともに調べる。例えば、もしトランプ大統領が弾劾されたらどうなるか、そうなったら自分がトレードしている銘柄はどうなるか、どのシナリオを探せば実例が見つかるかも

しれないか――などといったことだ」――ヘッジファンドのトレーダー

私の経験から言えば、「ホワット・イフ」シナリオを用いた計画は、可能なシナリオをただリストアップするだけでなく、「そうなったときはこう対処する」という具体的な対策と組み合わせたほうが、より効果的になる（こうなるとむしろ「イフ・ゼン」計画に近い）。「イフ・ゼン」計画があると、自信が持てる。今後の課題に対処する準備が整っていることを自覚できるし、実際に起こったときは、それが何かすでに認識できているため、より冷静でいられる。

このような予測された不確実性は、ストレスの要因になるイクスポージャーを持っているときのストレス反応を少しだけ減らしてくれる。行動計画をすでに用意しておけば、感情的に反応する代わりに戦略的に反応しやすくなる。

プレモーテム

ストア派は、最悪の事態に対して事前に計画を立てることが大好きだ。旅でも、判断でも、人生全般においても、うまくいかないかもしれないことを予想することが彼らの哲学の主要な部分だった。セネカはこう書いている。「賢者は、自分の予想に反したことが起こり得ること、そしてすべてが、自分が望み計画したとおりになることはないと、理解している。彼はむしろ何かが自分の計画を妨げる可能性があると考えている」

ストア派は困難や挫折や妨害に事前に備えていた。しかも、このような出来事を事前に予想することに注力するだけでなく、その対処法まで考えていた。ストア派は、コントロールできることはコントロールし、コントロールできないことはコントロールしようとするのではなく、認識すべきだと思っていた。

彼らは最高の計画を立てておいてもさまざまな障害があることを認識し、最悪の事態に備えていた。この最悪シナリオに対する計画が「premeditation malorum」、つまり害になりそうなことについてあらかじめ熟考しておくことである（https://dailystoic.com/premortem/）。

ポストモーテム（事後分析）、つまり結果が出たあとに出来事や判断を分析することは多くの人が知っている。多くのトレーダーも自分のトレード判断の事後分析は行っている。しかし、プレモーテム（事前分析）は行っているだろうか。

プレモーテムは心理学者のゲーリー・クラインが広めた手法で、判断を向上させる価値ある方法である。これは、現在から見て、将来起こるかもしれないことを評価するのではなく、将来の視点で起こったことを評価する失敗の先読みと呼ばれるテクニックである（Back to the Future：Temporal Perspective in the Explanation of Events', Journal of Behavioral Decision Making, Vol. 2, No. 1, January/March 1989, 25-38, Deborah J. Mitchell, J. Edward Russo, and

Nancy Pennington)。

> あなたは研究チームの一員で、次の質問を受けたとしよう。「次の次の選挙で女性が国のリーダーに選ばれる可能性はどれくらいか」。そうなるすべての理由を考え、その確率を数字で表してほしい。
> 次に、同じ質問を失敗の先読みを使って考えてみてほしい。「次の次の選挙で女性が国のリーダーに選ばれたと想像してほしい」。そうなった理由をすべて考え、やはりその確率を数字で表してほしい。

研究によると、将来の視点に基づいた二つ目の質問（失敗の先読みで「そうなったとして」と考えた場合）のほうが、より多くのアイデアが出る（ある研究では二五％増）。実際に起こったことについてもより高い確率で予想できる（Winning Decisions : Getting it Right the First Time; J. Edward Russo and Paul J. H. Schoemaker, [New York: Currency, 2002], 111-112)。

トレードのプレモーテムはまず、将来トレードが何らかの理由でうまくいかなかったと想像する。そして、将来の視点でその理由を考え、できれば書き出す。次に、その洞察に基づいて、トレードを実行する前に、トレード計画に必要な変更を加えていく。

プレモーテムトレード

トレードを実行する前にすること。

●将来のある時点で、トレードが失敗して損失が出たと想像する。
●トレードが失敗したときの将来の視点に立って、失敗したすべての理由を考え、書き出す。

この洞察を現在に持ち帰り、トレード計画に活用する。

このタイプの試みはネガティブな可視化と呼ばれることもある。起こり得る障害や困難と、それにどう反応するかを考えることで、気持ちのレジリエンス（回復力）を身に付けることができ、困難な状況においても落ち着きを保つ力を高められるよう自分を訓練することができる。

私のかつての顧客でプレモーテムを効果的に使ったのが、大手資産運用会社のファンドマネジャーだった。彼は市場のチャンスを逃して損失がかさんでいたことを心配していた。そこでプレモーテムを導入し、一日の始めに将来、つまりその日の終わりにいくつかチャンスを逃した自分を想像することにした。そして、なぜそうなったか理由を考えるようにした。そこで得た洞察を書き出し、現在に戻り、役立ちそうなものをトレード計画やポートフォリオ構築のときに導入したのだ。

5 集中
FOCUS

第11章 注意力を鍛える

TRAIN YOUR ATTENTION

注意力は重要

B・アラン・ウォレスは、『ジ・アテンション・レボルーション（The Attention Revolution: Unlocking The Power of The Focused Mind）』（Wisdom Publications, U.S., 1st Wisdom edition [2006]）のなかで、「注意力ほど私たちの生活に影響を与えるものはない。もし集中できなければ、何もうまくできない」と書いている。重要なことに集中し、注意を払うことはパフォーマンスを上げるための主要なスキルであり、このことはトレーダー、アスリート、音楽家、外科医、パイロットなど、あらゆる形のパフォーマーについても言える。

注意をどこに向けるかによって、考えや感情や気持ちや行動が変わる。脳に影響を及ぼすからだ。それによって神経経路が使われ、形成され、強化されていく。

注意が向いたところに、エネルギーが流入するのだ。
トレードでは、注意の質が次のことを左右する。

- ●トレードのプロセスの特定のステップを集中して執行できるか。
- ●市場のヒントや情報にどれくらい注意を払うことができるか。
- ●その注意力を長期間持続できるか。
- ●気が散ったこと（市場のノイズや自分の内面の雑音などによって）に気づくことができるか、再び集中できるか。
- ●自己認識のレベル、今の瞬間を認識できるか。
- ●自分の考えや感情や体の感覚を自己観察と自己制御できるか。

注意の容量は、精神力全般や認知力全般の健康を助け、トレーダーのレジリエンス（回復力）を高めたり、ストレス反応を下げたり、感情抑制を改善したり、衝動性を下げたり、全体的な健康や幸福感を改善するといった神経学的に重要なメリットがある。

つまり、注意の容量を大きくすることは、防弾仕様のトレードにおいて重要な特性となる。

注意力を鍛える

注意力というスキルは鍛えることができる。焦点的注意（あることにどれくらい注意を集中できるかということ）は、そのときの内面（考え、気持ち、感覚）や環境（音、視野、臭い）に注意を払う練習によって向上することができる。

焦点的注意を鍛えると、次のことが向上して注意力が改善する。

- 重要なことに注意を向ける。
- 注意力を長く維持する。
- 気が散ったときにより早くそのことに気づく。
- より速く集中状態に戻る。

集中的注意の典型的な練習法としては、呼吸に注目する。息を吐いて吸うことに全力で集中し、気を散らさずにその状態を維持しなければならない。もし集中が途切れたら、静かに呼吸に注意を戻してまた始める。

呼吸に焦点を合わせることにはいくつかのメリットがある。まず、呼吸ならばどこでも練習できる。また、呼吸は今しか起こらないことなので、その瞬間のアンカーポイントになる。さらに、呼吸は体の感覚に注意を向ける起点にもなる。

私の顧客で注意力を鍛えたファンドマネジャーは、「焦点的注意を鍛える練習を始めてから、トレードでもそれ以外でもかなり注意力が高まり、気が散ることが減った」と書いている。マーク・フェントン・オクリービーがトレーダーに対して行ったマインドフルネスに基づいた焦点的注意を鍛える研究では、「たとえ短い介入でもマインドフルの状態に誘導し、注意力を向上させ、金融情報の観察力を高め、金融判断を改善することができた」としている（http://oro.open.ac.uk/34544/1/Final%20report%20-%20publishable%20format.pdf）。

焦点的注意を鍛える練習

この焦点的注意を鍛える練習では、自分の呼吸に注意を集中させていく。目的は楽に座って、自分の呼吸の感覚とリズムとスピードと胸とお腹の動きに注意を注ぎ、体に出入りする空気の流れる感じに気づくだけでよい。心が呼吸からそれたときは、そのことに気づき、ゆっくりと注意を呼吸に戻していけばよい。

椅子に楽な姿勢でまっすぐ座り、目をつぶるか、前方の床をぼんやり眺める。

注意を呼吸の顕著な感覚の一つに集中する。これは、呼吸の速さやリズムでもよいし、胸や横隔膜が上げ下げする感じでも、小鼻辺りの空気の流れでもよい。

注意がそれたことに気づいたら――いずれそうなるし、たいていはすぐにそうなる――呼吸の感覚に注意を戻していく。

注意がそれる（心の迷走）は普通にあること。心とはそういうもの。

心が迷走していることに気づくのもマインドフルネスの練習の一部である。注意が何回それても、また注意を呼吸に戻せばよい。

　この練習は、目的に応じてさまざまな時間枠で行うことができる。

- **呼吸六～一〇回**　トレード中に短く集中や再集中の練習をしたいとき。
- **三～五分**　時間がないときや、短い練習をしたいとき。一日に一～三回するとよい。
- **八～一二分**　最小限の時間で最大限のメリットを得たいとき。毎日行う。
- **一五～二〇分以上**　より深くコミットし、さらなるメリットを得たい場合。

注意力を鍛えると、今の瞬間が認識できるようになる

今の瞬間の経験に注意を払うプロセスは認識力を育てる。具体的に言えば、今の瞬間を認識することである。認識には二つの側面がある。一つは、自分の考えや気持ちやしていることに気づく内面の認識で、二つ目は自分の周りで起こっていることや、外から得た情報を効果的に評価し、吸収して適切に反応するという外部の認識である。

自己認識はハイパフォーマンスや防弾仕様の主要なスキルと言える。トラビス・ブラッドベリ博士（『Self-Awareness：The Hidden Driver of Success and Satisfaction』［Perigee Trade］, 2009）によると、さまざまな職業の人を対象とした研究で、自己認識が高かった人の八三％がハイパフォーマーに分類され、最低ランクのパフォーマーで自己認識が高い人はわずか二％しかいなかった。

高いパフォーマンスを達成するには自己調整や自己制御が必要で、それは自己認識ができるかどうかにかかっている。例えば、自分の感情を認識できていなければ、それを管理することはできない。その瞬間の考えや感情や感覚をリアルタイムで認識することは、管理する前段階であり、基本的な神経学的基盤、つまりトレードの規律となる。

今の瞬間を自己認識できるようになることのメリットを、私は川のなかにいる例えを使って説明している。川には流れがあり、川に入れば流されていく。川は静かなときもあれば荒々し

いときもあり、水の中にいるとあまりコントロールが利かないこともある。特に、急流ではそうだ。しかし、自己認識ができ、自己観察ができていると、ヘリコプターから見ているように、上から川の状況を見るという異なる視点を持つことができる。そのような見方ができると川は同じでもそこでの経験は変わるし、選択肢も大きく変わる。この気づく力と、そのあと効果的な選択ができることが、自己認識の主なメリットと言える。

対応と反応

「過去も未来も君を支配することはできないということを思い出せ。それができるのは現在だけだが、それだって最小限にすることができる。その限界だけを知っておけばよい」――マルクス・アウレリウス

注意力と認知力を磨くと、自由と選択の可能性が広がる。これは、自分の行動をよりコントロールできることを意味している。状況に対して、精神的にも感情的にも自動的に過去と同じ反応をするのではなく、思いどおりにうまく対応できるようになる。

この対応と反応の違いは、トレーダーにとって、特にストレスが高まっているときや困難に直面しているときに大きな意味を持つ。このプロセスの神経的な仕組みはデイビッド・ロック

著『最高の脳で働く方法』（ディスカヴァー・トゥエンティワン）で紹介されているUCLAマインドフル・アウェアネス・リサーチ・センターのダニエル・シーゲルが詳しく説明している。

「これは、反応する前にいったん停止する能力である……それによって、頭のなかでさまざまな選択肢を考える余地ができ、最も適切なものを選ぶことができる……精神を安定させ、心そのものに集中することが洗練されていくと、以前は違いが分からなかった神経細胞の発火の道が分かるようになり、修正できるようになる。こうすることで、精神を使って脳の機能を変更し、最終的にはその構造を変えることができる」

この反応する前にいったん止まることができるのが自己制御であり、自己統制、もしくはトレードで言うところの規律である。

コロンビア大学のソーシャル・コグニティブ・ニューロサイエンス・ラボラトリー所長のケビン・オチェスナー博士は、自己認識について次のように説明している。「自己認識は自分の殻を破って自分自身をできるだけ注意深く客観的に観察すること」（バン・K・タープ著『**タープ博士のトレード学校――ポジションサイジング入門**』［パンローリング］）。この自分の殻を破って自分の経験を観察する能力を、神経科学者は公平な目撃者、あるいは観察者としての自己に例えている。

観察者

焦点的注意の練習によって、今の瞬間を認識できるようになることは、自己認識の絶対的基準だと私は思っている。これは、観察者としての自己を鍛えることと言えるかもしれない。例えば、自分のなかのある部分が、別の部分が考えていることや感じていることに気づくということだ。自分が経験していることを、自分のなかのどこかが気づいたり知ったりすることができるのである。

私が指導して焦点的注意の訓練を終えたあるトレーダーは、自分の視点が大きく変わったことに気づいた。「トレードしているときは、自分を第三者の視点で外から観察しているような気がする」

元ファンドマネジャーのトム・バッソが、彼自身の自己認識に関して興味深い洞察を『タープ博士のトレード学校――ポジションサイジング入門』のなかで語っている。

「私が向上する必要があると感じたときや、ほかの人とうまく意思疎通をしたいときは、頭のなかで重要な出来事を思い返し、ほかの人がどのように状況に対処したかを考える。

……これは、部屋の片隅にいるトム・バッソが、今あなたと話をしているトム・バッソを観察しているような感じだ。面白いのは、時とともにこの観察者が頻繁に登場するようになっていったことだ。今では夕暮れ時でなくても出てくる」
「ストレスが高い状況になったり、トレードを始めたり、たくさんの人たちと交流したり、事業を立ち上げたり、顧客に対応したりするとき、この観察者が最後まで助けてくれる。私が落ち着かない感じがしたり、不安になったりしたときに、そうなっている自分を観察できるからだ。今ではいつもこの観察者がそばにいてくれる」

客観的に観察して、それを自分のトレードに反映することができれば、行動を抑制したり導いたりできる。自己認識によって、私たちが通常、経験することの外側に踏み出し、注意やエネルギーを向けたいところについて選択肢や柔軟性を手に入れ、考えや気持ちや行動を調整することができる。

観察者としての自己を得る練習

楽な姿勢で座って、次のことを一つずつ時間をとって行ってみよう。

●自分の体と座っているところと床の接点に気づく。
●自分の周りの音に気づく。
●自分の呼吸、吸う息と吐く息に気づく。
●自分の考えていることに気づく。
●自分の気持ちに気づく。

そして、自分のなかの音を聞き、呼吸し、考え、気持ちを感じている部分と、そのことに注意を向けている部分（観察者としての自分）があることに気づく

第12章 プロセスに集中する

FOCUS ON THE PROCESS

最善の判断と最悪の判断

過去一二カ月で最高のトレード判断を思い出してほしい。次に、最悪のトレード判断を思い出してほしい。

それぞれの結果はどうだっただろうか。

- ●良い判断の結果は勝ちトレードになっただろうか。
- ●悪い判断の結果は負けトレードになっただろうか。

私はこれまでの研修会で多くのトレーダーにこの質問をしてきた。もしあなたが彼らの九九％と同じならば、答えは両方ともイエスになったはずだ。この質問は、自分の判断の質を結果に基づいて決める傾向を明らかにしている。私たちには成果バイアスがあるからだ。

結果へのこだわり

トレードにおいて、もちろん結果は重要だ。多くのトレーダーやトレード会社は結果を気にするし、それはよく理解できる。結果は報酬や地位やキャリア管理とも関連している。また、客観的かつ簡単に評価したり比較したりできる。

しかし、結果による評価は最高のトレード判断をする役には立たないこともある。結果に注目した判断の影響に関する研究では、結果にこだわりすぎるといくつかのデメリットが見つかった（Accounting for the Effects of Accountability; J.S. Lerner and P.E. Tetlock, Psychological Bulletin 125 [1999] 255-27）。

●パフォーマンスに対する不安が増す。
●認知機能が下がる。
●損失回避が増える。

●結果にこだわると確実性をより重視するようになる（あいまいさ回避）。
●データを過剰に使ったり集めたりするが、そのなかには使えるものと使えないものがある。

結果にこだわりすぎる状態が続くと、革新的な考えや学びやリスクのとり方が低下し、それは望ましいことではない。この三つは、変化する市場を長く生き延びていくうえで特に重要な資質と言える。

それではどうすればよいのだろうか。

答えは信頼できるプロセスに集中することである。これは、結果だけでなく、その結果をどのように得るかということであり、トレードを執行するときに利益になるかどうかではなく、その瞬間に最も重要なやるべきことは何か（勝率を最大にするために必要な行動を取ること）を考えることに時間を使うよう意識することでもある。

プロセスに集中する

トレードは、トレーダーのプロセスやスキルや運によって結果が決まる。運という言葉がしっくりこなければ、ランダム性でもよい。

このことは、トレードへの取り組み方に重要な意味を持っている。特に、トレードのプロセスに集中することは重要だ。ちなみに、プロセスとは勝率を最大にする具体的なステップであり、結果を気にすることではない（ポーカーで言うところのリザルティング）。

プロセス＋運＝結果

運のかかわる活動では、因果関係が崩れる。一方、純粋にスキルに基づく活動では原因と結果に相関性がある。例えば、バイオリンの演奏は効果的な練習を積めば、短期的にも長期的にもうまくなる。質と意図的な練習によって上達するということだ。しかし、運の要素があると、すべて正しく行っても短期的に悪い結果になることがある。例えば、トレードならば自分のプロセスに従って戦略を効果的に執行しても、損失が出ることもある。

その一方で、すべてを間違って、規律を守らず、トレードのプロセスにも従わないのに、勝って利益が出ることもある。

例えば、カジノでブラックジャックをしているとしよう。配られたカードの合計は一七になっている。ここで最も勝率が高い戦略はこのままでいることだ。長期的に見れば、これが負けを減らす最も効果的な方法である。しかし、もう一枚引いて四が出たらどうだろうか。二一になって勝つことができる。プロセスは間違っていても良い結果につながるというのはこういうことだ。ただ、短期的には勝ててもこの戦略をずっと続けていれば、最後には負けることにな

図表12－1　プロセスと結果

	勝ち	負け
正しいプロセス	当然の成功	不運
正しくないプロセス	まぐれ	詩的正義（因果応報）

出所＝Winning Decisions, Russo and Schoemaker

る。

プロセスと結果の関係については、『ウイニング・ディシジョン（Winning Decisions：Getting it Right the First Time）』，J. Edward Russo and Paul J. H. Schoemaker, Currency; 1st edition, 2001）に載っている**図表12－1**を見てほしい。自分のトレード計画に従っても、勝つときもあれば負けるときもある。同様に、計画に従わなくても勝つときもあれば負けるときもある。ただ、エッジ（優位性）があるトレード計画に一貫して従っていれば、勝率は統計的に高くなる。それだけでなく、プロセスに集中することとは心理的にも違いを生んで、勝率をさらに高めてくれる。

トレードのように確率に賭けることでは、プロセスに集中することが成功のカギとなる。このほうが結果に集中する方法と比べて次のようなメリットがある。

●パフォーマンスのストレスや不安や感情に任せた判断を減らすことができる。

●意図的な心で臨み、心の盲点を減らすことができる。

●重要なことにしっかり集中できる。
●長期的には判断力を向上させていくのがうまくなる。

損益に集中せずにプロセスに集中する

「不安な人を見ると、彼らは何を望んでいるのだろうと思う。もし自分がコントロールできないものを欲しているのならば、なぜ不安に襲われているのだろうか」――エピクテトス

私が初めてジョンと会ったのは九月だった。私はある投資銀行でFXトレーダー向けのコーチングを行うことになっていた。何回目かのコーチングで彼が自分のトレードに本当に役に立つと感じたことがあった。彼はトレード歴七年で、常に高いパフォーマンスを上げていたが、深刻な課題を抱えていた。これは、機関投資家のトレーダーの多くが経験することだが、年度末（彼の場合は一二月三一日）に損益がリセットされ、またゼロから一年が始まる。彼の課題はこのことを受け入れることだった。そこで、ある回でこの問題を取り上げることにした。

多くのトレーダーは、損益がある程度プラスのときよりもゼロのときのほうがプレッシャーを感じる。損失を出すにしても、ある程度の利益があるときよりも、ゼロから失うほうが気分

が悪いと言うのだ。ジョンはこのプレッシャーが大きくなり、損失を恐れるあまり年初めは、ある程度の利益がたまるまではリスク回避した防御的なトレードスタイルになっていた。そのうえ、近年は瞼が痙攣するという症状も出ていたが、驚くことに損益がある程度プラスになってくるとぴたりと止まるのである。たいていは、第２四半期の途中辺りだ。

私たちはこのコーチングの間、次のことについて集中的に話し合った。まず、彼の判断がトレードの良い判断を下すことから、損益を気にして損失を出さないようにすることに変わったことで、彼の認識がどのように影響されたかについて考えた。

そして、状況ごとに異なる視点について、彼がそれぞれ気づいた考えや気持ちや感覚と、彼が取った行動と、その行動の短期的と長期的な影響について検証した。

ジョンは一月一日から損益を強く気にしていた。私がコーチングを行ったのは一〇月～一二月という短い期間だったが、よりプロセスに集中できるようになることを目指すことにした。これは損益を無視するわけではないが、とらわれすぎないようにするということだ。それには、どれくらいの損益を出していたのかだけでなく、どのように損益を出していたかということを知る必要があった。

結局、正しいトレード判断を下すことに集中することにした。

彼は、何週間かの日誌を通じて、自分がどのように判断を下し、どのような要素が判断に影響を及ぼしたのかを考えていた。そして、このプロセスで結果への深いこだわりを捨て、判断過程とその関連要素に強い関心を持つように変化した。

彼にとって、この新しい方法は一二月の初めにはかなりの試練となった。市場が逆行したからだ。流動性が低い市場だったため、彼は年度末直前に大きな損失を被り、損益とボーナスに大きな影響を及ぼした。興味深かったのは、彼が「かなりの損失（数百万ドル）」だったにもかかわらず、うまく対応できたと感じたことだった。冷静さを保ち、正しい判断を下すことに集中し、損失に伴う感情に引きずられずに判断を下すことができたからだ。

彼は、これをしなかった場合と比べて、損失を最小限に抑えることができた。もちろん損益への影響やそのタイミングには不満があった。ほとんどのトレーダーがそうなるだろう。しかし、彼は資金に集中するのではなく、判断に集中することの影響を、行動的にも感情的にも金銭的にも体験した。これは彼にとってとても良い学習体験となった。

私のコーチングは一二月で終了した。しかし、当然ながら一月にどうなるかが気になった私は、一月の後半に彼と会う約束をした。どうなっただろうか。まず、ジョンは正しい判断に集中するという姿勢を続けていた。年初めには、まだ多少の不安はあった（普通のことだと思う）。しかし、それまでの年よりも不安は減っていたし、瞼の痙攣はなくなっていた。そして、損益的にもプラスのスタートを切っていた。

彼が経験した結果に取りつかれている状態から、正しいトレードのプロセスにこだわる姿勢への変化は、劇的なものだった。

よりプロセスに集中する

よりプロセスに集中するためにできることがいくつかある。ただし、これはよりプロセスに集中するのであって、完全にではない。私は、損益を完全に無視しろと言っているわけではない。目指すのはより良いバランスだ。

①防弾仕様のトレーダーの考え方の一端として、よりプロセスに集中すると決める。トレードのプロセスに集中することの重要性を理解する。そのことをトレードの原則とする。
②より良い判断を下せるようになることと、判断プロセスを改善することに集中することを意図する。より良いトレード判断ができるようになれば、自分の可能性を最大限発揮するチャンスが増える。
③トレードのプロセスと市場と結果の関係に関心と好奇心を持つ。トレード判断を評価するときは、結果が「どうだった」かではなく「どのように」判断を下し、どのような行動を取り、そのとき何を考え、どう感じていたか、そのときの状況はどうだったかということに注目する。
④自分が損益や勝ち負けに過剰にこだわっているときはそのことに気づき、ゆっくりと深呼吸

をする。そして、「今、自分が集中すべきことは何か」と考える。

⑤トレーダーのなかには、チェックリストはトレードのプロセスの物理的なよりどころであり、すべきことやトレードの特定の段階で問うべきことを思い出させてくれると言う人もいる。チェックリストが、集中すべきやるべきことに目を向けさせてくれるのだ。

第13章

コントロールできることをコントロールする

CONTROL THE CONTROLLABLES

コントロールできないこととストレスと市場

ある実験で、二匹の動物にショックを与えて反応を観察した。一匹は、ショックを止めることができるレバーが使えるようになっており（コントロールする手段を持っている）、もう一匹にはなかった。実験が終わったとき、二匹とも同じだけのショックを与えられていた。しかし、レバーが使えない動物のほうがストレスの反応がはるかに高かった。

このある意味残酷な研究は、ストレスとコントロールの関係を示している。私たちは、コントロールできると思うと、ストレス反応が下がり、コントロールできないと思うとストレス反応が高くなるのだ。

コントロールは、たとえ幻想でも、ストレス反応を和らげることができる。コントロールできないとストレスが高くなり、それに不確実性と新規性を合わせると、心理的に大きなストレス反応を生み出す。

トレード環境は、トレーダーをこの三つのストレスの要因に毎日さらすことになる。ジョン・コーツは、『トレーダーの生理学』（早川書房）のなかで、トレーダーの損益を毎日観察し、これのコントロールに対する影響を調べた研究について書いている。彼は、トレーダーの唾液のサンプルを使ってホルモン状態を調べた。特に注目したのがテストステロンとストレスホルモンのコルチゾールだった。コーツは、損益の変動率が高くなる（コントロールできないことが増える）と、トレーダーのコルチゾールが増えることを発見した。

「ドローダウンのときに、ポジションサイズを小さくしたいのにできないと非常にストレスが高くなる。これは、流動性（資産を買ったり売ったりできること、後者はより重要）が瞬時になくなることがあるクレジット市場においては特に深刻な問題だ」
――ファンドマネジャー

コントロールできることとコントロールできないこと

「コントロールできることをコントロールする」という言葉はスポーツ心理やパフォーマン

ス心理のマントラであり、今では決まり文句と言ってもよい。これは非常に頼りになる助言であり、瞬間的にも長期的にも、最高のパフォーマンスをするためには絶対に欠かすことができない。

これまで見てきたとおり、コントロールできることに集中することはストレス反応を減らすため、それによって精神的な資源と肉体的な資源の両方（許容量）が解放され、それをトレード計画のなかの最も利益に直結する部分に配分することができるようになる。

コントロールできることをコントロールするという考え方は、新しいことではない。繰り返しになるが、実際これはストア哲学の基本原則の一つでもある。コントロールできるものとコントロールできないものや、変えられることと変えられないことを見分けることは、ストア派の活動の神髄とも言える。

「人生で最も重要なことは、物事を自分がコントロールできない範囲外のことか、それとも自分がコントロールできる選択肢がある範囲内のものかを見分けることだ。それができずにどうして良しあしを見極めることができるのだろうか。私の選択肢は、範囲外のコントロールできないところではなく、私自身のなかにある」――エピクテトス同じ原則でより広く知られているのが、依存症の更生プログラムなどで使われているニーバーの祈りである。

「神よ、変えることのできないものについては、それを受け入れるだけの冷静さを与えたまえ。変えることのできるものについて、それを変えるだけの勇気を与えたまえ。そして、変えることができるものと変えることができないものを、見分ける知恵を与えたまえ」

両方とも同じ考え方で、コントロールできることに気づき、そこに集中するということだ。スザンヌ・カバサ博士のストレス耐性を強化する研究では、コントロールをコミットメントと挑戦と並ぶ重要な三つの要素としている（The Hardy Executive : Health Under Stress; Maddi, S. and Kobasa, S., Irwin Publishing, Burr Ridge, IL., 1984)。コントロールには、内側と外側という二つのタイプがある。

●コントロールの所在が自分だと思っている人は、人生やトレードにおいて自分に関係のないところで起こる出来事をすべてコントロールすることはできないことを理解しているが、それらの出来事にどう反応するかは選べると思っている。

●コントロールの所在が自分ではないと思っている人は、自分に起こることはコントロールできないと考えている。運命論者に近い。

コントロールの所在が自分だと思っている人は、ストレス反応を減らすことができる。この極端な例が、アウシュビッツを生き延びた心理学者のビクトール・フランケル博士である。彼は『霧と夜』（みすず書房）のなかで、どのような過酷な状況でも、人に与えられた最後の自由は、状況にどう対処するかだと書いている。これはエピクテトスの「表彰台と刑務所は、一方は高く、もう一方は低い場所だが、どちらも望めば選択の自由は確保されている」（語録一・六・二五）という見方とも通じる。

スピードボートのドライバーが石油タンカーの船員になると……

経験豊富なトレーダーのマシューは、大手投資銀行のファンドマネジャーという新しい仕事に就いた。この会社は、伝統的なファンダメンタルズ系の長期運用を行っており、テクニカル分析系の短期トレーダーだったマシューはかなり独特な存在だった。

要するに、彼はスピードボートのドライバーが石油タンカーの船員になったような状態だった。

コーチングのためにマシューと初めて会ったのは、彼が新しい仕事について二～三カ月たったころだった。目的は、彼の潜在能力を最大限引き出して最高のパフォーマンスを上げられるよう手助けすることだった。何かが間違っているわけでも、何かが壊れているわけでもなかった。彼はすでにうまくやっているが、単純により高みを目指したいと願っていた（私の顧客で二〇％ほどいるタイプ）。

コーチングを始めて間もなく、大きな問題が持ち上がった。マシューは最高の結果を上げるために全力を尽くしていた。彼は自分が納得できるような良い仕事をしたかった。また、自分の独自の地位を正当化し、特にリスクをとって彼を採用してくれた上司のためにも会社に利益をもたらしたいと思っていた。

しかし、会社はなかなか彼のトレード環境を準備してくれなかった。トレードに必要な機器や技術がそろっていなかったのだ。彼はいくつかの主要な市場でトレードができず、リスク限度も設定されていなかった。すべてが官僚主義で、必要なものの導入がとてつもなく遅かったのだ。彼はイライラし、ストレスがたまっていった。

ある日のコーチングで、彼の障害になっていることについて話し合った。彼の怒りが高まっていくのが感じられた。私たちは、彼が最大の力を発揮してトレードするために必要だと思うすべてのことのリストを作った。ここには彼の内面の要素と環境の要素の両方が含まれていた。そして、そのなかですでにあるものとないものを確認していった。

次に、私はそれぞれの項目をCかIかAに分類させた。

- Cは自分がコントロールできること
- Iは自分が影響を及ぼすことができること
- Aは自分が今、コントロールできないことを受け入れること

私たちは、この枠組みを使って彼がどこに時間とエネルギーを配分すべきかを決めていった。あれから何年もたった今、彼はこれによってストレスレベルを下げてパフォーマンスを向上させることができたと言っている。

CIAの枠組み

CIAの枠組みは私がよく用いる手法で、顧客が自分がコントロールできるものとコントロールできないものを認識する助けになる。

トレードにおいて何がコントロールできて、何がコントロールできないかを知ることはとても重要だ。これまで見てきたとおり、たとえ幻想でもコントロールできるという感覚はストレス反応を下げ、認知機能を促進し、判断を改善することができる。

図表13－1　自分の資源を配分するためのCIAの枠組み

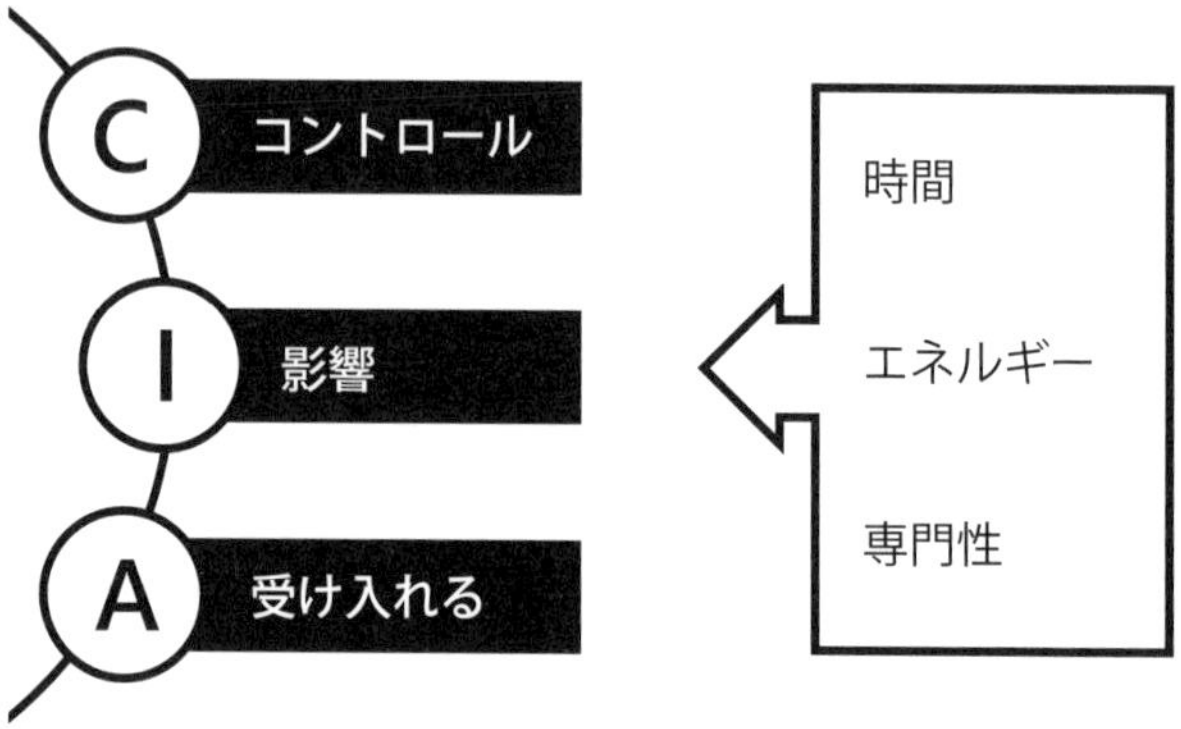

エネルギーは注意が向くほうに流れる。同じことは、時間や専門性にも言える。これらは三つの主要な資源で、それらをどこに集中させるかがパフォーマンスに影響を及ぼす。

自分のトレードにおけるＣＩＡを考える練習は、私がコーチングをした多くのトレーダーの役に立っている。当然ながら、これを自分のトレードのプロセスを構築するための幅広い文脈のなかで見ていくのが理想と言える。

コントロール可能なことには責任力と対応力が求められる

コントロール可能なことには責任が伴う。コントロールの所在が自分ではない場合は自分ではどうにもできないことが起これば、判断の責任を簡単に放棄する。

図表13－2　私のCIA

コントロール	
影響	
受け入れる	

例えば、海が荒れているときにヨットに乗っていて嵐が過ぎ去るのを待っているとする。帆を調整するのでも、舵をとるのでも、それ以外の役に立ちそうなこともしていない状態だ。もし違う港に行きついても、それは自分のせいではなく、天候のせいなのだ。

コントロールできることとコントロールできないことを認識し、よりコントロールの所在が自分だという考え方を取り入れる、つまり自分がコントロールできることに集中し、制限のなかで最も助けになる行動を取ることが最大の責任を取ることにもなる。自分の行動と、トレード判断と、トレード結果に責任を持つということだ。

これは悪いことではない。どのようなひどい状況でも、トレードを改善するためにできることは必ずある。ただ、自分のパフォーマンスに責任を持たないかぎり、それを実行するのは難しい。

自分がコントロールできることとコントロールできないことを知ることは、「対応力」を育てる。本書の初めに見たとおり、市場の不確実性はあなたがコントロールできる以外のところで起こったことが原因になっている。それをコントロールすることはできない。ただ、それにどう対応するか、つまり、対応力はコントロールできる。

困難で厳しいトレード状況でも、自分がコントロールできないことではなく、自分がコントロールできることに集中していると、良いことが起こり始める。

6 不快感
DISCOMFORT

第14章 不快な状態に慣れる

GET COMFORTABLE WITH BEING UNCOMFORTABLE

トレードの不快感

不快な感覚は、市場でトレードしている人ならだれでも経験している。これはさまざまな出来事や状況がもたらすさまざまな形がある。いくつか挙げておこう。

●損失を出す
●勝ちトレードを保有し続ける
●市場のボラティリティが高まる
●連敗やドローダウン
●負けトレードを抱えている

- チャンスを逃した
- 市場が静かで退屈
- ミスをした
- 素晴らしいトレードチャンスを生かせなかった
- 間違った
- 市場の状況が変わった
- 同僚ほど高いパフォーマンスを上げていない
- 投資家から解約請求があった
- 不確実性が高まった
- 予期しない新しいことが起こった

先述のとおり、これらはトレードに内在することで、排除することはできない。そこで選択肢が二つある。一つは、これらの出来事や状況とそれらがもたらす不快感をできるだけ避け、それがリターンにネガティブな影響を及ぼす可能性があることを受け入れることだ。そしてもう一つは、この状況に慣れ、リターンを最大にするチャンスを増やすことである。

嫌悪と不快感を避けるコスト

ポールはロンドンにある大手ヘッジファンドのトレーダーで、多くのライバルよりも早くチャンスを見つけて仕掛けることができる強力なエッジ（優位性）を持っている。しかし、それをするには、市場が予想した方向に動く前に、逆行したり期待どおりに動かなかったりする不快感に耐える必要がある。

長期的なリターンを最大にするためには、短期的には積極的に不快な思いをしなければならない。

トレードで不快な状況に直面したときは、必ず選択肢がある。避けるか、受け入れて対処するか、だ。損失回避や、後悔回避や、間違いを恐れることや、あいまいさ回避や、機会損失の不安や、退屈なトレードなどは、トレーダーが不快感を避けた結果起こる。だれでも不快なことは避けたい。極めて人間的なことだ。しかし、それをすればリターンを最大にすることもできない。

「人の傾向として楽な選択肢を選ぶことが、ランダムに選ぶことよりも悪い結果につながる」――ウィリアム・エックハート

図表14－1　短期的な不快さを避けると長期的なリターンが減る

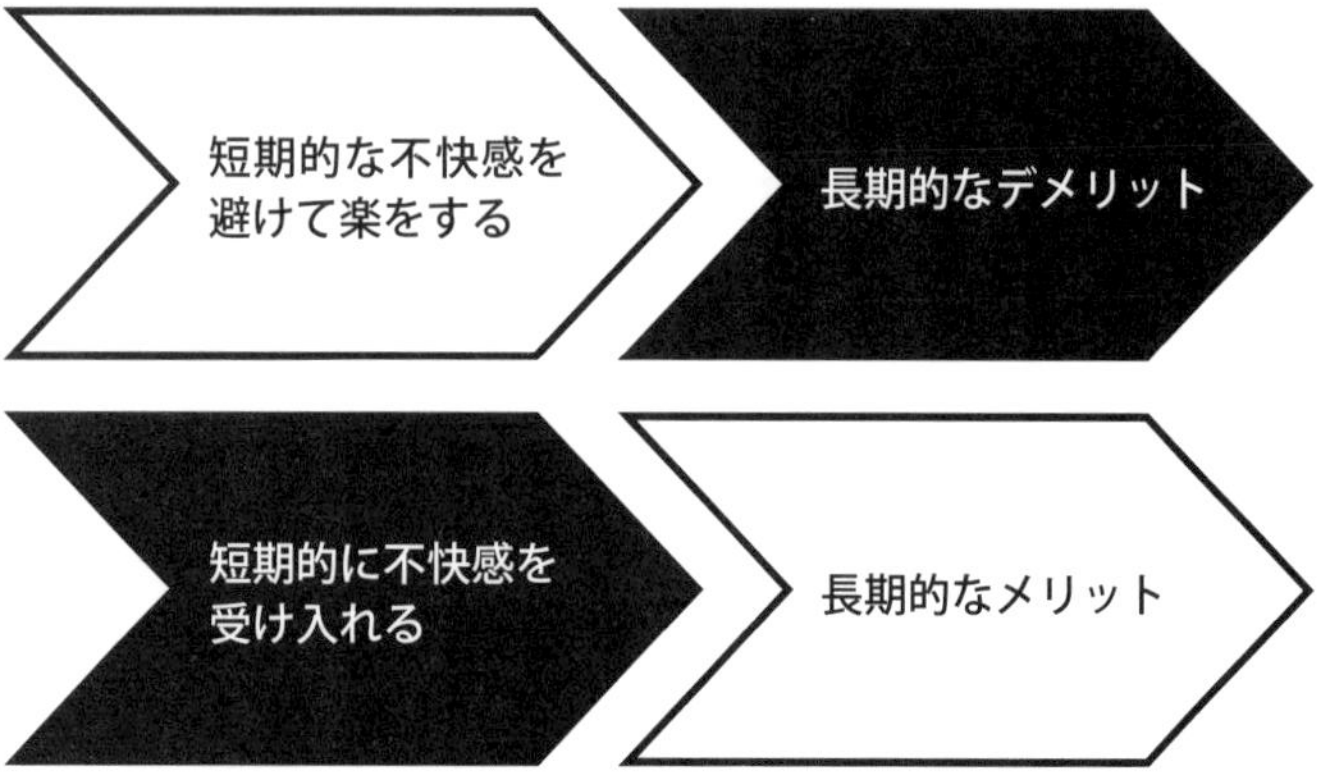

トレーダーが直面する心理的な主要課題の一つが、トレードのさまざまな状況で戦略に基づいて長期的な利益を得るために短期的に経験する不快感への対処の仕方である。

このようなとき、たいていは楽で気持ち良いこと（痛みを避ける、喜びを感じる）か、不快かもしれないけれど重要なことという二つの選択肢がある。そして、多くのトレーダーは、長期的な利益を犠牲にして短期的な楽さを選ぶ。

- ●トレードするなかで、どのような考えや感情や感覚を避けているのか、あるいは避けたいのか。
- ●それに対してどうしたのか――避けようとしたのか、考えないようにしたのか。
- ●避けたことによって、どのようなコスト

図表14－2　不快さを避けたことによるコストの例

行動	短期的な楽さ	長期的なデメリット
負けトレードのあとトレードの執行を避けた	負けトレードを避けて少し不安が和らいだ	良いトレードチャンスや利益を逃してイライラする
勝ちトレードなのに、含み益を失うのを恐れて利益目標に達する前に手仕舞った	失った利益や市場が逆行したらどう感じるかを心配するのはやめた	市場は順行を続け、かなりの機会利益を失ったことに腹が立った

を払うことになるのか、あるいは払ったのか。

不快感に耐えるメリット

心理的にも生理的にも、困難で死ぬことはなく、むしろ強くなれると言ってよいと思う。少なくとも、その可能性はある。

本書の二つの目的を確認しておこう。

①ストレス反応からのレジリエンス（回復力）が高まるようになり、ストレス容量と生理的な耐性を高める手助けをする。

②ストレスがかかる出来事や困難や挫折に対処するための心理的スキルを高める手助けをする。

ストレスや課題や不快感や困難を避けていれば、このどちらも達成できない。反対に、ストレスや困難にさらされていれば、生理的な適応力や心理的なスキルは少しずつ身に付いていく。ストレスにさらされていると、体はストレスに慣れていく。この心理的な努力（接触効果）は、FXトレーダーのストレス反応と市場のボラティリティの変化を追跡した研究でも確認されている（'The Psychophysiology of Real Time Financial Risk Processing', Journal of Cognitive Neuroscience, 14[3], 323-339; Lo, A.W. and Repin, D.V. 2002）。市場のボラティリティが高まったとき、経験豊富なトレーダーのほうが新人トレーダーよりもストレス反応が低かったのだ。長年の経験と、市場のボラティリティにさらされてきたことで、年配のトレーダーはこのようなストレスに慣れ（ボラティリティに適応し）、新人よりもはるかに低い反応しか示さなくなったのである。

同様に、ストレスがかかる出来事や困難や問題にさらされることで、これらに対応するための心理的なスキルも身に付く。このような状況に対処する方法について読んだり、テクニックや戦略を学んだり、行動計画を立てたりしても良い（例えば、本書を読む）。しかし、本当のメリットは、必要なときに適応しておくことで得られる。

不快感に耐えるメリットを得て、リターンを最大にするためには、不快な状態でも不快でなくなる必要がある。不快な状態に自分をさらすことは、不快な考えや気持ちや感覚を積極的に受け入れるということでもある。

進んで不快なことにさらされる

損失や後悔や間違いや退屈やあいまいさや機会損失やそのほかの嫌なことを避けるといったトレーダーによく見られる行動によって、パフォーマンスが下がることに耐えられないのならば、代わりに何をすべきだろうか。

避ける代わりに、進んで受け入れるのである。これは、受け身であきらめて行ったり、「耐えて」行ったりすることではない。トレードをしているときに起こる損失や、ミスを犯すことや、機会損失や、間違うことや、それ以外のさまざまな不快な経験を前向きに進んで受け入れるということだ。その経験を好きにならなくてもよいし、無理に望んだりそれを良いものだとみなす必要もない。ただ、これらの出来事を避けるような戦いをしないということである。

不快感（理解しにくい感情や考えや感覚）を進んで受け入れられるようになるために、トレーダーが変えることのできる最も基本的なことの一つが、ストレスが高いことや課題や困難に対処するための心理的容量を高めることである。これは、行動にコミットメントすることと合わせてトレード規律と困難な時期を乗りきるための基本的な要素と言える。

理解しにくい思考や感情や感覚を進んで受け入れる心を育てる目的が、トレードで効果的な行動が取れるようになるためだということを知っておくことは重要なことだ。これによって、勝率を高めるためのステップを実行する余裕ができるのである。

進んで受け入れるためには、不快な考えや感情や感覚を受け入れるだけでなく、それに頼る余地を作っておく必要がある。これらを十分経験し、そのまま受け入れるのだ。進んで受け入れられるようになると、それまで回避していた損失を受け入れられるようになり、それまで回避していた曖昧さを受け入れられるようになり、それまで回避していた後悔を受け入れられるようになる。これらはすべてトレードにおける行動や判断やリターンに大きな違いを生む。

課題や困難な経験を進んで受け入れられるようになり、そしてさらには追求することができるようになると、それらに触れることが増え、それによって、ストレス容量や強さやレジリエンスを育てることの中核となる生理的・心理的なメリットを得られるようになるという重要な利点がある。

意欲とは、行動して苦手なことにさらされることなのである。

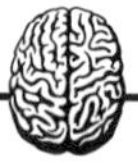

- 潜在能力を発揮し、自分ができる最高のトレード結果を出すためには、具体的にどのような行動を取るべきなのか。
- トレード目標を達成するために直面するかもしれない内面の理解しがたい経験を進んで受け入れることができるのか。

意欲を育てる――不快なことに慣れる

意欲と不快なことを受け入れることは、さまざまな段階で必要になる。

●トレードの現実をありのままに受け入れる。どれほど困難でも、問題が大きくても関係ない。また、違う形であることを望まない。ただ、効果的な行動を取ればよい。

「すべてのことが自分が望むような形で起こるように望むのではなく、ありのままの形で起こることを望めば、人生はうまく流れていく」――エピクテトス

●トレードで自分がコントロールできることとコントロールできないことを受け入れる。自分にとって困難な経験をコントロールしようとしたり排除しようとしたりすると、トレード判断と結果を悪化させたり悪影響を与えたりするかもしれない。

「人生で最も重要なことは、物事を見極め、見分けること。そうすれば、どれが自分がコントロールできないことで、どれがコントロールできることかが明確に分かる。

それでは、どこで善悪を見分けるのだろうか。それには、自分ではコントロールできないことではなく、自分でコントロールできるものを探せばよい」——エピクテトス

●目の前の不快で理解しがたい思考や感情や感覚を進んで受け入れる。それらと一緒にあり、受け入れながら、現状に合わせてコミットし、効果的な行動に集中する。

「自分がコントロールできないあらゆる出来事について、この瞬間に客観的な判断を下し、この瞬間に利己的でない行動を取り、この瞬間に進んで受け入れる。それで十分だ」——マルクス・アウレリウス

かつてコーチングを行った顧客の一人が、とあるセッションで「ゲームチェンジの瞬間」と呼ぶ、契機となる体験をしたことがあった。そのとき私たちは彼がトレードに対して感じていた不快な考えや感情や感覚について話し合っていた。突破口となったのは、私が彼から聞いたことはすべてほかのトレーダーからも聞いたことがあると伝えたことだった。これは彼だけの問題ではなく、不快感はトレードの一部なのである。加えて、これらの不快感はまったく普通のことで、多くの人にとっては当たり前のことにすぎないということも伝えた。

不快感が普通のことだと知ると、不快感との関係が変わった。前よりも嫌悪感が減り、その結果として、レジリエンスが増した。そしてより良い判断ができるようになった。

意欲を伸ばし、不快感に慣れる練習

著名なストア派の一人であるカトーは、裕福で良い身なりもできるのに、あえて裸足でローマを歩いていた。多くのストア派が、裕福で権力も持っていたが、あえて一週間の何日かはこのように簡素で貧相な生活を送っていた。

このような行動を取る理由は、困難を経験するためだった。困難なことを経験すると、より強くなり、レジリエンスも増す。そして、不快感に慣れる。ストア派の人たちは、さまざまな困難に対処できるよう自らを訓練していた。彼らは、不快感は人生の一部であり、うまく対処できるようになるためには経験するしかないことに気づいていた。

彼らが困難に対処するためのもう一つの練習法は、ネガティブビジュアライゼーション（難点の視覚化）、つまり困難な状況にあることを想像することである。もし想像した出来事が実際に起これば、より落ち着いて対処できる。これは、現代のストレス免疫訓練（困難な状況を思い浮かべ、それに対するスキルやどのように反応するかを練習する方法）などと似ている。これらはメンタルトレーニングの戦略で、私もトレーダーの顧客が不快感に慣れるための訓練によく取り入れている。

自分のトレードで、積極的に不快感を受け入れるための訓練例を紹介しよう。

トレードで経験した不快なこと、ストレスが高い状況や困難や問題が起こったときのことについて考えてみる。

- そのとき浮かんだ考えや感情や体の感覚に気づく。
- それを排除したい衝動を感じる、または排除したことがあったか。
- そうではなく、心を開き、その瞬間をありのまま受け入れることができたか。不快感と一緒にあり、何も変えなくてよいと思えたか。

このような状況で取りたい行動を加えると、この訓練をさらに進めることができる。この行動は、トレードの目標や価値観やプロセスに沿ったものになる。

- このような状況や出来事で自分が示したい強さや質についても考える。
- このような状況で取りたい効果的な行動が取れたと想像してほしい。トレードのプロセスを執行し、泰然と行動するということだ。

第15章

理解するのが難しい考えにとらわれない

UNHOOK FROM DIFFICULT THOUGHTS

自分の考えについて考える

トレード判断やトレード結果の障害になっているのは、どのような考えや心配や自己批判や記憶やそれ以外の役に立たない考えなのだろうか。

トレーダーは、自分のトレードやポジションやほかのトレーダーについて考えることに多くの時間を割いている。そして、もちろん市場についても考えている。それらのことを取引時間も市場が引けてからも考えている。

こうして考えたことは役に立つこともある。効果的な行動につながり、トレーダーの経験も増える。しかし、考えが役に立たないこともある。考えることに夢中になって、トレードのリターンを減らす行動につながってしまうこともある。

トレードは難しいため、理解しにくい考えが浮かんでくるのは自然なことだ。先述のとおり、人はそういうものだ。頭はそういう仕組みになっている。

ただ、これらの考えにどう対処するかは、トレードの判断とその後のリターンに大きな影響を与える。

「ときどき仕事に関して発作的に強い不安に襲われ、苦しんでいる。最も破壊的なのは、自分の能力やプロセスについて理由もなく否定的な考えに襲われることだ。例えば、仕事で約五〇〇万ドルの利益を上げていても（そのうちの一〇〇万ドルは昨年の分）、今年二〇万ドルの損失を出したら、自分にはこの仕事に必要な能力がないのではないかと考えてしまう。不合理な考えだということは分かっている……しかし、毎日のようにこのような考えが浮かんでくるのを止めることができない」――ファンドマネジャー

これは、私のかつての顧客で成功しているファンドマネジャーの言葉だ。考えが私たちに影響を及ぼすことがよく分かる。

私は、多くの成功したトレーダーやファンドマネジャーが、自分に十分な能力があるのかと自問するのを何回も見ている。彼らはたいていその能力を証明する証拠をたくさん持っている

が、それでも不安になるのだ。
考えは変わりやすい。最近の出来事や恐れていることなどによって簡単に変わってしまうのだ。直近の損失を長期的なパフォーマンスよりも重視するのは、ストレス反応が注意力と考えを短期的なことに集中させてしまうからだ。そして、私たちは自分の能力に関する根拠のない疑問を持ち、その考えから逃れようと苦心する。

シロクマのことを考えてはならない

五分間静かに座る。そして、シロクマについて考えないようにする。
シロクマについて考えていることに気づいたら、メモしてその回数を記録する。
何回シロクマについて考えただろうか。

この実験は、ダニエル・ウェグナーが一九八七年に行った思考抑制に関する研究（あることを考えないようにするとどうなるか）から引用した（White Bears And Other Unwanted Thoughts : Suppression, Obsession and The Psychology of Mental Control; Daniel M.

Wegner, Guilford Press; 1st edition, 24 May 1994)。この研究で、被験者は抑制テクニックを使って五分間、シロクマについて考えないようにするが、それでも考えてしまったときはベルを鳴らすことになっていた。

この実験で、抑制戦略を使ってシロクマについて考えないようにすると、むしろそれについて考えてしまう頻度が増えることが分かった。この現象は「皮肉過程」と呼ばれている。そして、興味深いことに、この効果は実験の直後にさらに顕著になる。

抑制とコントロールによる戦略は、トレーダーの心理を管理するための最も効果的な方法ではないのかもしれない。特に、複数のストレスの要因や困難な状況にさらされているときはそうだ。抑制は代謝的にもきつい。エネルギーと脳の資源を消耗し、目の前のやるべきことに集中するのを妨げるからだ。

困難を切り離す

「今は手仕舞えない」
「いずれ市場は回復する」
「この損失は受け入れられない」
「勝ち組になるためにはこのトレードが必要」

顧客のラケシュは損切りをするときに、よくこんなことを考えていた。前のトレードでも損失を出していたり、連敗していたりするときは特にそうだった。

ラケシュが自分の心を管理しようとするときは、考えを無視しようとしていた。考えないようにしたり、別のこと（何か前向きなこと）を考えようとしたりするのだ。これらは自分の考えを管理しようとするときよくやる方法だが、それをすることによってその考えを認識してしまうのである。

結局、彼は自分の考えといつも苦闘していた。彼の言葉を借りれば、彼は「戦い」に疲れていた。

私が手助けしてきたトレーダーの多くが、トレード中に浮かんでくる無用の考えと戦っていた。このような考えは、困難なときやストレスが高いときによく出てくる。脳でこのようなことが起こるのは、ある程度普通のことだとも言える。重要なのはこのような考えが起こることではなく、それにどう対処するかなのである。

否定的な考えに対処するためには、四つの知的スキルが必要になる。

①気づき　考えを単なる考えだと気づく。

②有効性　その考えは役に立つのか、それとも今の状況に合っていないのか。

③分離　否定的な考えや無用な考えから「離れる」方法を学ぶ。
④行動　行動にコミットする。自分のプロセスに従う。

①気づき

自分の内から出てくる考えを効果的にコントロールできるようになるために、まずは自分が今、考えていることに気づく必要がある。焦点的集中の練習や今の瞬間を認識できるようになることがとても重要な理由はそこにある。

そこで、自分の嗜好に気づく力を鍛えるための簡単な練習がある。これによって、メタ認知を鍛えることができる。

目を閉じて、自分の考えに気づく。自然に浮かび上がってきた考えやイメージを観察する。もし考えやイメージが浮かばなければ、それでもよい。そのまま観察を続ける。

- 考えに名前を付けてもよい。例えば、「計画」「心配」「判断」。
- ある自分は考え、また別のある自分は考えている自分を観察していることに気づく。

この練習には二つのメリットがある。一つ目は、自分の嗜好に気づきをもたらす素晴らしい方法であるということで、二つ目は自分と自分の考えという重要な違いを理解するための重要なステップだということである。

考えは頭のなかで起こっていることで、これは自分自身ではないし、必ずしも事実とは限らない。

頭に浮かぶ考えを、常に選ぶことができるわけではない。ただ、その考えにどれだけ注意を向けるのかと、どれだけかかわるのかは選ぶことができる。

考えを考え、つまり頭のなかで起こっていることとして見ることで、考えを違う形で経験できるようになるし、違う形でかかわることができるようになる。そして、考えを効果的にコントロールし、行動することや、トレード計画に従うことや、勝率を高めるための行動に及ぼす影響を減らすことができる。

②有効性

自分の考えを振り返って考えるときは、それをポジティブかネガティブかで考える人が多い。しかし、ポジティブかネガティブかはそのときの状況によって変わる。それよりも、その考えが有効かどうかという視点でとらえるほうが役に立つ。

このような考え方は、自分のトレードの手順や価値観や目標に沿った効果的な行動をする助けになるのだろうか。

もしイエスならば、これは有効なのでそれ以上何もする必要はない。しかし、もしその考えが効果的な行動を妨げていたら有効ではないため、コントロールしなければならないのかもしれない。

どのような状況でも、考えは役に立つときもあれば役に立たないときもあるし、有効なときもあれば有効でないときもある。ポジティブかネガティブかという見方をやめると、自分の考えの機能をより良く把握できるようになる。また、それによってより柔軟に考えることができるようになり、これは考えをコントロールするよりもはるかに機敏な方法と言える。

③分離

「市場で利益を上げるなんて不可能だ」

こんなことを思ったと想像してほしい。ただ思っただけでなく、強く信じ込んでいて、それ以外のことを考えられなくなっている、と。

これは「融合」（簡単に言えば「取りつかれる」ということ）として知られている。これはトレード行動にどのような影響を及ぼすのだろうか。もしかすると、何らかのストレスや不安を感じたり、儲からないとあきらめてしまったり、努力するのさえ無駄だと感じたりするかもしれない。そして、なぜか役に立たない行動を取ってしまうかもしれない。

「市場で利益を上げるなんて不可能だ」という考えは、ただの考えにすぎない。問題なのはこの考え自体ではなく、この考えに取りつかれてしまうこと、つまり融合してしまうことなのである。

認知的融合　考えを実証された確固たる事実で変更できないものとしてとらえてしまうこと。そうなると、これらは従うべき規則だとか、避けなければならない脅威だとか、起こりつつあって止めることができないものだと思い込んでしまうし、常に最も重要なことになってしまう。

認知的分離　考えは本当かもしれないし、そうでないかもしれないことを認識していること。つまり、それは従わなければならない命令でもルールでもない。また、重要かもしれないしそうではないかもしれない。そして、これらは現れたり消えたりする。

考えに融合されるか、それとも分離できるかの違いが、トレードの行動に与える影響はかなり大きい。

次の簡単な練習で、取りつかれているかどうかと、そこから離れる感覚をつかんでほしい。

●トレードで難しいと感じた状況と、そのとき浮かんだ理解しがたい考えについて考える。
●そのことをA四サイズの紙にできるだけ大きく書く。
●その紙を顔に近づけ、どんな感じかしばらく考える。
●次に、紙を腕いっぱい伸ばした位置で持ち、どんな感じか考える。
●次に、紙を自分の膝の上に置いて、どんな感じか考える。

この最後の三つのことを比較する。

この練習をしたあと、顧客はたいてい次のような反応をする。紙（考え）が目の前にあるときは、ほかのことが見えにくく、この考えに支配されてしまう。腕を伸ばした位置は、考えから少し離れることができ、緊張感は減るが、この位置を保つには多少の努力がいる。しかし、膝の上に置くと、この考えがそこにある認識はできるが、支配的ではないし、そこに保つ努力も必要ない。

最も単純で最も基本的な分離戦略は、自分の考えを単なる考えという頭のなかの出来事として認識することである。つまり、これは事実でも、命令でも、真実でも、従わなければならない規則でもない。このような見方ができるようになると、すぐに自分の考えから解放される。

トレードに有効ではないかもしれない考えが認識できるようになると、次のような簡単な分離戦略を応用できる。

考えるときに、文末に「……と自分は考えている」「……と自分が考えていることに気づいている」「……という考えが頭のなかにあることに気づいている」と付け加えてみる。

例えば、次のように言ってみる。

- 「市場でトレードするなど不可能だと自分は考えている」
- 「市場でトレードするなど不可能だと自分が考えていることに気づいている」
- 「市場でトレードするなど不可能だという考えが頭のなかにあることに気づいている」

この考えを、あえてゆっくりと言ってみる。
そして、書き出してみる。

トレード日誌に執行したトレードだけでなく、トレードに関する考えも記しておくと、分離が自然にできるようになる。考えを書き出すと、それが考えだと認識でき、距離を置いて見ることができるようになる。

私はコーチングを行うとき、顧客に自分の考えをフリップチャートに書いてそれをしばらく眺めてもらい、それから二〜三歩下がって再び眺めてもらう。すると、書いた内容はまったく同じなのに、その見方とかかわり方は変わる。

④行動

最後に、考えをコントロールすることの目的は、勝率を最大にするために必要な行動、つまり自分のトレードのプロセスをできるかぎり安定的かつ効率的に行うことに集中し続けることにあるということを思い出してほしい。

うまくトレードできるかどうかの中核は、常に行動にある。

座った姿勢で自分に繰り返し「座りなさい」と言ってみてほしい。そして、そう言いながら立ち上がる。次に、立ったまま自分自身に繰り返し「立ちなさい」と言う。そして、そう言いながら座ってみてほしい。

この簡単な練習によって、考えていることと逆の行動を取ることが可能だということを自分自身に納得させることができる。特に、考えに取りつかれていなければ、これは難しいことではない。

つまり、「損失を出すのが心配だ。このトレードを手仕舞わなければならない」という考えが浮かんでも、もしトレードを続けることが正しいプロセスならば、自分の考えを認識し、受け入れて、分離して、トレードを保有し続けることもできる。「自分が損失を出すことを心配し、このトレードを手仕舞わなければならないと考えていることに気づいている」が、それでも自分のトレードのプロセスを執行することにコミットするということである。

第16章

ストレスから来る感情に対処する

WORK WITH YOUR STRESS-BASED EMOTIONS

トレードも人生も感情的なもの

「トレード中に感じる最も破滅的な感情は、怒りと失望だ。トレードの結果が悪いときや目標が達成できないときほどイライラすることはない。トレードがうまくいかないとものすごく失望することがあり、それが衝動的な判断や間違った判断につながる」

――プロップトレーダー

人生とは感情的なものだ。そして、トレードも同じだ。市場でのトレードは、トレーダーを最高の経験と最悪の経験をもたらす。大いに浮かれるときもあれば、大いに落ち込むときもある。高揚感、興奮、喜びから、恐怖、不安、怒り、挫折、悲しみ、絶望まで味わわせてくれるのだ。

自分のトレードを思い返してほしい。どのような感情を経験しただろうか。

トレーダーは不安を抱えながらトレードしている

デビッドは大手投資銀行のトレーダーだった。私の顧客になる一年前に、彼はイギリスに移って新興市場のトレードデスクの責任者になった。その前の一五年間は、母国通貨とドルのトレードで成功していた。彼は自分がトレードしている市場の専門性を高め、ほかのトレーダーの価値ある情報源にもなっていた。ロンドンには、仕事上の理由と個人的な理由から移ることにした。

デビッドがコーチングの依頼をしてきたのは、トレード結果が彼の期待を下回っていたからだ。彼は最高のトレーダーになることに強くコミットメントしていた。また、そのことが彼のチームや上司にどう受け取られているかも気にしていた。

デビッドの新しい仕事における主な課題は二つあった。

①初めてトレードチームを率いる。
②自分自身も高い利益を上げる。このなかには、これまでトレードしたことがない新興市場の通貨も含まれている。

管理職とトレーダーの兼任はそれだけでも難しい。自分だけでなく部下からも最高の能力を引き出さなければならないプレッシャーがあるからだ。それに、デビッドは会社に対しても自分を採用したことが間違いではなかったと証明したかった。

私は、彼のコーチングを始めてすぐ、彼のトレード判断に注目することにした。そこで、彼がトレード日誌を付けているか質問した。もしそれがあれば、一緒に見直すことで今後の助けになるからだ。彼は日誌を付けていたが、内容は、主要な市場のデータとポジションサイズと損切りと利益目標以外は、トレードを仕掛けたときの考えがほんのいくつか書いてあるだけだった。

私は彼に、この最後の部分をもう少し詳しく書くよう提案した。仕掛けたときに考えたことや、途中で考えが変わった場合はそのことや、手仕舞った理由、そしてこれらを考えたときの気持ちも書いてほしいと伝えた。

彼はやる気を見せていたが、気持ちのところで少し躊躇した。それでもやってみると同意してくれた。私は、ほんの一言でも良いのだと伝えた。

四週間後の次のコーチングで、彼はトレード日誌を見せながら気持ちについて書いたことを思い返していたと話してくれた。彼は、自分が「不安」という言葉を何回も書いていることに驚いたという。彼にとって不安はなじみがない感覚ではなかったが、それでも何度も出てきたことが予想外だったようだ。

彼は、このことに悩み、不安は次の理由で生じたと結論付けた。

●チームを管理することと、そのためのスキルのなさに対する心配（能力）
●自分のトレード結果に対する心配（結果にこだわっている）
●新しい市場でトレードすることに対する心配（能力、経験）

彼が自分のトレードを掘り下げた結果、分かったのは自分が得意な市場のトレード方法に基づいてトレードしているということだった。具体的には、ほとんどが短期的で、長い経験と高い専門性に裏打ちされた直観的な要素が加わった意思決定だった。しかし、これは新しい市場では通用しない。

直観的な「勘」は文脈依存である。これは分野が変わるとそのまま応用することはできない。経験とともに身に付いていくものだからだ。

また、成績のプレッシャーを抱え、経験が少なくてスキルもない市場で、比較的大きなリスクをとっていた。

これらの洞察を得た彼は、いくつかのことを変えることにした。まず、自分がトレードしている市場について時間をかけて学び、今までよりもシステム的なトレード方法を構築し、とるリスクを減らした。彼は、間もなく自分が不安だと書く頻度が減ったことに気づいた。

なぜこれが重要なのだろうか。トレードで不安を抱えていると自分がどのような行動を取るか考えてみてほしい。多くの人が不安をネガティブな感情に分類し、不快に感じ、取り除きたいと思うかもしれない。もしかしたら、呼吸法を使ったり、不安が生じる状況自体を避けようとしたりするかもしれない。

デビッドの場合は、呼吸法を何回も行ったり、トレードをやめてみたりしていた。しかし、それでは自分の最高のトレードをしたり、長期的な目標を達成したりすることの助けにはならなかった。

そこで、彼は次のことをすることにした。

- 自分の感情に気づき、名前を付けた。
- 「この背後に何があるのか」と自問した。
- 洞察に基づいて行動した。

その結果、彼は不安を減らし、パフォーマンスを改善することができた。

感情に対処する

「私の最大の課題は、焦りとイライラして行動してしまうことだった。心の知能指数を上げるのと、このような感情の早期サインが分かるようになるには時間がかかった。感情という観点で自分を精査することは、トレードにおいて最も単純だがもっとも強力な発見だった」――ヘッジファンドのトレーダー

防弾仕様のトレーダーは自分の感情に対処するための三つの段階を通らなければならない。これらの段階は、心理的柔軟性を身に付けるための一端であり、感情や判断に関する神経科学の研究に基づいている。

①気づき
②受容とやる気
③行動

①気づき――存在に気づいて名前をつける

自分の感情に対処するための最初のステップは、それを認識すること、つまり気づくことである。ただし、これは排除しようとしているのではなく、認識を深めようとしていることを忘れないでほしい。

最初のステップは簡単で、トレード日誌にトレードしながら感じたことを書き加えていく。次のようなときに感じたことを記録していく。

- 一日の始め
- トレードを準備しているとき
- トレードを仕掛けたとき
- ポジションを管理しているとき
- トレードを手仕舞ったとき
- トレードを見返したとき

私が困難に直面している顧客によく用いるテクニックが、日々のダウンロード（肩の荷を下ろす作業）である。これは、一日の終わりにその日のトレードに関する気持ちを書くもので、これによって定期的に分離と処理と反省ができる。

「私にとってコーチングで大きな違いを生んだことが、トレードした日の終わりに日々の心情をダウンロードすることだった。毎日、その日の終わりに自分の考えや感想を吐き出すことは本当に役に立った」――ファンドマネジャー

二つ目の方法は、チェックイン、つまり日中にいったん立ち止まって「今どんな気持ちか」と自問することである。できれば書き出すとよいが、少なくとも名前は付けてほしい。自分の感情に気づいて名前を付けると（「感情ラベリング」）、緊張感を下げる効果があることを確認した研究がある。この名前を付けることと順化することだけでも、難しい感情に対処する効果的なテクニックになる。

感情をより認識できるようになるための三つ目の方法は、マインドフルネスやアウェアネスといった内受容感覚を身に付ける助けになる練習である。これは、脳が体の生理的なサインを読み取る能力である。感情は、私たちが名付けた生理的な感覚が合わさったもので、感情に気づくのがうまくなるということは、これらの生理的感覚に気づくのがうまくなるということでもある。ロンドンのヘッジファンドが行った研究によると、トレーダーが内受容感覚に気づく能力は、その人の損益や利益率やキャリアの長さと相関性があった（https://www.nature.com/

articles/srep32986)。

②受容——感情をデータとして見る

あなたが戦っているのはどのような感情だろうか。

ストレスに基づいた生き残り感情は心地良くないこともあり、結局はそれを避けてしまうこともある。実は、感情にマイナスの名前を付けるとこの嫌悪感が増してしまうことがある。

このとき、すべては文脈のなかにあるということを思い出すことが重要になる。つまり、どう感じ、考え、行動するかは、有効かどうかで判断する。この感情は現状で果たして役に立っているのだろうか。生命が脅かされる状況で恐怖は非常に役に立つ。生き残るために体の資源を活性化するからだ。しかし、同じ恐怖でも市場で損切りするときにはあまり役に立たないかもしれない。

ACT（アクセプタンス・コミットメント・セラピー）では、感情とそのあとの行動の最大の問題は、感情自体ではなく、それを抑制しようとすることだとしている。感情を抑えることは、水中にビーチボールを沈めようとするようなことだ。沈めてもボールはすぐに浮いてくるため、押さえ続けていなければならない。同様に、感情も抑制しようとすればするほど、自分の周りで起こっていることに集中しようとしても、感情に注意が行ってしまうのである。

もし自分の感情を抑制しないのならば、どうすればよいのだろうか。認め、受け入れるのだ。研究によると、トレーダーの感情処理の仕方とトレード行動とトレード結果には強い関連性がある（http://oro.open.ac.uk/34544/1/Final%20report%20-%20publishable%20format.pdf）。重要なのは、感情を抑制しようとすると、判断がかなり劣ってしまうということである。

もし感情を抑えると、感覚を通じて得られる価値ある情報まで遮断してしまう可能性がある。そうなると、潜在リスクやリワードに関する重要なデータを拒否することにもなりかねない。感情をデータと考えるのは、感情に対してオープンになる素晴らしい方法と言える。「この感情は何を伝えようとしているのだろうか」

感情がデータならば、すべての感情は役に立つ。

「リスクとは損失の可能性と損失の大きさである。私たちはリスクを自分の体に恐怖の感覚として記憶する。将来のリスクや初期リスク、無防備な（管理・ヘッジされていない）リスク、無意識のリスクを含むさまざまな形のリスクを管理する方法の一つは、恐怖の感覚と連携し、感情の計器盤をしっかり機能させておくことだ。私たちの医療文化では、リスクを管理するのではなく恐怖を調整する人もいる。ちなみに、恐怖やそれ以外の感覚を経験することをいとわない人は、恐怖で混乱している人や麻薬の影響で恐怖を感じている人よりもうまくリスクを管理できる場合が多い」――エド・ス

イコータ

感情に気づき、受け入れられるようになる練習を紹介する。これはつまり「自分が感情を持つのであって、感情が自分を持つのではない」（UCSD Center For Mindfulness, mPEAK programme）と理解するためだ。


心地良くてリラックスできる姿勢をとる。準備ができたら目を閉じる。

呼吸を意識する。息が体に入る物理的な感覚を意識する。

それができたら、今ある気持ちに気づき、それに名前を付ける。例えば、楽しい、悲しい、イライラする、興奮するなど。

気持ちに気づき、名前を付けたら、それが体のどこで感じるか（胸、腹、頭など）、どんな感じか（なめらか、重い、暖かい、硬い、軽いなど）を意識する。

その感情の存在を受け入れる。

落ち着いたら練習を終わりにし、集中を呼吸に移し、それから集中を部屋に戻す。

③行動

ストア主義の主な教えは感情を理解することである。感情を表さないことではない（広く用いられている方法ではあるが）。

また、ストア哲学では感情を隠すこともしない。そうではなく、感情を理解しようとしていた。認識し、内省し、可能であれば、自分にとって良い方向に向けていくのである。

ストア派は、怒っていても冷静に行動し、不安であっても勇気を持って行動できるよう自らを訓練できると考えていた。目的は感情を排除することではなく、感情に圧倒されたり行動を強いられたりしないことにある。

トレードは、強い感情が生じているときでも効果的な行動を取らなければならない。また、感情は衝動的な行動を促すこともあるが、それに従う必要はない。この衝動は、自分の感情に気づくだけでもかなり小さくすることができる。損失や利益をもたらすのは感情ではなく、行動だということを、常に覚えておいてほしい。

トレードの目標や価値観やプロセスに沿った行動を起こすために、どのような感情ならば、積極的に受け入れてよいのだろうか。

7 自信
CONFIDENCE

第17章

困難に対処する自信をつける

BUILD CONFIDENCE IN COPING WITH DIFFICULTY

自信とは何か

自信の定義を二つ挙げてみる。

①確実性または保証の感覚
②信じたり頼ったりする行為

あなたならばどちらを選ぶだろうか。

ほとんどの人は①を選ぶ。トレーダーの多くは自分を強い気持ちの持ち主だと思っている。落ち着きがあり、自分がうまくトレードして利益を上げる感覚を持っていて、恐怖や不安や自己不信やそのほかのネガティブな考えを持っていないということだ。

しかし、②は違う。行動に集中しているからだ。この定義の語源は古代ラテン語の「ｃｏｎｆｉｄｅｎｃｅ」で、「ｃｏｍ」はまったく、「ｆｉｄｒｅ」は信じるという意味があり、合わせると信頼するという意味になる。

本質的に不確実でコントロール不能な状態のなか、市場でリスクをとってトレードしたときに、判断結果が絶対に間違いないと言い切れるだろうか。

トレードを仕掛けることは信じて行動することである。自分の戦略を信頼し、自分がそれを執行することを信じている。それでも、普通は絶対的な確信を持っているわけではない。良い結果が保証されていることではないからだ。

しかし、防弾仕様になるための自信は、自分自身と自分のトレードシステムに対する信頼を築くことに注目している。これは、考えや感情や感覚が邪魔するときでも行動を取り、自分の戦略を執行することとも言える。自分がトレードで求められることに対処できると信じられるように集中的に取り組むということで、これは、精神と肉体というリソースによってストレスや挫折や損失やドローダウンやミスや、そのほかの課題に対処できると信じていることでもある。

自信は行動によって育まれる。何かに関する自信は、練習や経験を積んだ結果として持つことができる。トレーダーの自信の根幹を成すのは経験とスキルである。戦略を立て、試し、ト

図表17－1　要求とリソース

要求＞リソース＝脅威
要求＜リソース＝チャレンジ

レードすることで、その戦略に対する信頼と自信が育まれる。困難なトレード状況と、それを乗り越えようとすることは、対処力を育てる。防弾仕様の枠組みにおける自信は最高を期待することよりも、最悪の事態にも対処できる資源を構築することなのである。

要求とリソース

心理学の研究によって、プレッシャーのかかる状況で反応を決める最も重要な要素は、状況そのものではなく、自分の対応力をどう考えるかだということが分かっている。脳は自分が直面している問題で要求されていることを精査し、次に自分がそれに対処するリソースを持っているかを推し測るのである。

それはどれくらい難しいのだろうか。

自分はそれに対処するためのスキルや強みや資源を持っているだろうか。だれか助けてくれる人はいるだろうか。

もし今要求されていることは自分のリソースを上回っていると脳が評価したら、脅威反応が活性化する。しかし、もし自分が十分対応できるリソースを持っていると脳が評価したら、チャレンジ反応が活性化する。

研究によって、大金がかかった状況では、脅威反応よりもチャレンジ反応のほうがプレッシャー下のパフォーマンスは高くなることが分かっている。チャレンジ反応のスコアが高い学生のほうが試験の成績が良く、ビジネスの交渉ではより良い判断を下し、外科医はより集中して優れた技術を示し、アスリートは試合でより高いパフォーマンスを見せ、パイロットはシミュレーターのエンジン故障のケースでよりうまく対処できた（ケリー・マクゴニガル著『スタンフォードのストレスを力に変える教科書』〔大和書房〕）。課題が要求しているリソースを持っているということは、大金がかかった状況で高いパフォーマンスを上げるためのカギと言える。

私はこの関係性と自信に与える影響がポーカーのチップに似ていると思っている。持っているチップが多ければ、勝負するときにより自信が持てる。チップがたくさんあれば、たくさんプレーして大きく賭けることができる。一方、チップが少ない「ショートスタック」のときは、プレーするためのリソースが少ないため、より注意深くなったり、リスク回避するようになったりする可能性が高い。

トレーダーがチップを増やすためにできる非常に役に立つことは、トレードに必要な対処をするためのリソースの構築につながる練習でもある。これをすれば、脅威反応ではなく、チャレンジ反応に変わってそのメリットが得られる。

図表17－2　チップがたくさんあれば、自信を持ってチャレンジできる

自分は困難なトレード状況に対処できる

「どのような困難でも、それに対処するリソースが自分のなかにあることを忘れてはならない」――エピクテトス

本書の主な目的の一つは、市場が提示してくる難問により効率的に対処できるようにトレーダーの内なる砦を築くことにある。私は読者が本気で「自分はトレードの難問に対処することができる」と言えるようになってほしいと思っている。

ちなみに、ただ言葉にするだけである種の動機付けをするだけでは効果がない。そうではなく、この言葉を証拠に裏付けされた事実として言ってほしい。つまり、この裏付けとなるリソ

ースと経験を持っておく必要がある。

「私の最高のトレードのいくつかが損失やドローダウンの直後だったことは分かっている。ドローダウンから比較的速く回復できることは私の強みの一つだし、そうできると期待もしている。自分がプレッシャーのなかでうまくできることも分かっている。経験を積んだ今はなおさらだ」

——ヘッジファンドマネジャー

自信というリソースを身に付け、事実として「自分はトレードの難問に対処することができる」と心から言うためには、裏付けを得る必要がある。そのためのいくつかの方法を紹介しよう。

自分の強みを知る

トレーダーとしての自分の強みやリソースをよく考え、書き出す。困難に直面したときは、必要な強みやリソースを思い出し、それがどう助けになるのか言ってみる。

その状況に対してどのような準備をしてきたか考える

そのようなときのためにどう備えてきたかを思い出す。過去の市場での経験や、そのトレードの準備（リサーチ、トレード計画、シナリオ分析、プレモーテム分析などを含む）でもよい。

似たような問題を乗り越えたときのことを思い出す

おそらくこれが最も重要だ。防弾機能は経験によって築かれる。市場で直面した厳しい瞬間や損失やミスや挫折やドローダウンなど一つひとつの積み重ねでできているのだ。これらすべての経験が、苦しい状況によりうまく対処するための助けになっていくのである。トレードですでに乗り越えた課題や困難によって、どのようなスキルや戦略が身に付き、どのようなことを学んだかを思い出してほしい。

支援――だれが助けてくれるか

レジリエンス（回復力）は個人の特性として語られることが多いが、研究によって支援がレジリエンスのための主要な要素の一つだと分かっている。自分の支援のネットワーク（仲間のトレーダー、コーチ、メンター、友人、家族など）にだれがいるかを考えておくことも役に立つ。

必要なときに助けを求められる人たちのなかに、どのような強みやリソースを持った人がいるだろうか。

下の表を使って、あなたがトレードでよく直面する、あるいは直面するかもしれない課題について考えてみてほしい。その課題に対処するために使うことができるリソースを書き出してみよう。

このプロセスで最も重要なことは、「自分はこの困難に対処できる」という言葉が本当で、自分でもそう信じ、対処できたことでさらに自信を付けるために、裏付けのあるいくつかのリソースを手に入れることにある。

状況 どのような出来事・状況か	強み この状況でどのような強みを使えるか	過去の課題 過去に克服した似た課題	支援 この状況ならばだれが力を貸してくれるか

自信不足――行動する

「自信が回復したら、トレードを再開する」

このようなことを思ったことはないだろうか。そう思ったらどうなるのだろうか。どう感じ、どう行動するのだろうか。

こう考える人は多い。しかし、それにこだわっていると、トレードをためらうようになる。特に、挫折からの回復に強い影響を与える。大きな損失や連敗のあと、十分な自信を回復するまで待っていると、かなりの機会損失を被ることになるからだ。また損失を出すという恐怖が、効果的なトレードの障害になる。このような恐怖が効果的な行動を妨げるのを許すプロセスが、ACT（アクセプタンス・コミットメント・セラピー）を実践するラス・ハリス博士が言うところの自信喪失を招くことになる（ラス・ハリス著『自信がなくても行動すれば自信はあとからついてくる』［筑摩書房］）。

利益が出ていても、損失が出ていても、直近のトレードが勝ちでも負けでも、次の瞬間の目標はトレードのプロセスに従って取るべき行動を取ることだ。このプロセスについては、本書でも行動にコミットすること、あるいは「泰然」と呼んでいるが、多くのトレーダーは実はこれを自信ととらえている。行動にコミットすることによって、自信が構築されるのである。

「今年の三カ月に及ぶドローダウンは厳しかった。だんだんトレードにコミットメントできなくなって自分の能力を疑問視するようになり、基本に戻って小さいサイズで単純なトレードを行い、複雑なヘッジもやめた（当時は効果が出ていなかった）。ほかのトレーダーが利益を上げていたいくつかの市場を調べることまでした。壁に頭を打ちつけながらドローダウンになっている市場で同じ方法でトレードを続けるのと、見つからないと分かっていても聖杯を求めて新しい市場を調べるのとどちらがよいのか分からない。しかし、結局は集中がとてつもなく重要で、コミットメントし、単純なことをきちんとやっていくことによって自信を回復することができる」――プロップトレーダー

自分のトレードのプロセスのなかで、次のようなときに取るべき具体的な行動を考えておくと役に立つ。

- 負けトレードのあと
- ドローダウンの最中

図表17－3　課題を乗り越えるための行動

トレードにおける課題や状況や出来事	取るべき効果的な行動（具体的に）

●ミスを犯したあと

あなたはトレードで困難な状況に対処するためにどのようなプロセスを用意しているだろうか。多くのトレーダーが、市場でチャンスを見つける方法や、仕掛け方、ポジション管理、手仕舞い方などについてはよく考えているのに、市場やトレードが難しい状況になったときの対処方法についてはあまり考えていない。

第18章 重大な場面で冷静さを保つ

STAY CALM IN CRITICAL MOMENTS

冷静さが自信を育てる

「試練に冷静に耐えることが、不幸の大きさと負担を取り去る」――セネカ

サムは流動性がかなり低い金融商品をトレードしている。時には、トレード計画を立て、やりたいことは分かっているのに、流動性がないせいでその行動を取れないこともある。これがストレスになることは理解できる。

しかも、市場が大きく逆行すると、損失がさらに増えていくのをただ見守るしかない。大きな損失とコントロールできないイライラが合わされば、確実にストレス反応が生じる。

このようなとき、冷静さを維持するために自分の生理機能を管理する能力、つまりストレス

反応をコントロールできることが重要になる。また、それができればプレッシャーのなかでも行動できるという自信を強めることができる。

トレード中の最も重要な瞬間は最もストレスと要求が大きく、その瞬間までにやってきたことすべてがそこに表れることになる。

つまり、そこで役に立つ具体的な戦略やスキルは存在しない。無理やり逃げ道を作ることもできない。役に立つのは訓練と経験とスキルの積み重ねしかない。米海軍特殊部隊シールズでは、「ストレスの下では訓練した以上のことはできない」という言い習わしがある。どれほど素晴らしい技も、長年の練習や経験や学びの代わりにはならないのである。

大きなプレッシャーにさらされているときに、自信を持って「任せてくれ」と言える人と言えない人がいる。エリートパフォーマーは、口先でそう言っているだけではないのだ。

具体的な根拠を挙げておこう。

①経験
②スキル・能力
③考え方
④生理状態
⑤準備

⑥状況管理能力

上の①～⑤は、市場でストレスがかかる瞬間が訪れる前に練習することができる。ちなみに、⑥の状況管理はリアルタイムでストレス反応を管理する助けになる重要なスキルで、これはさまざまな方法で身に付けることができる。

ブレーキを踏む

ストレス反応を感じているときは、体がエネルギーを結集し、行動に備える。ストレス反応は中枢神経系のなかで交感神経系（体のアクセル）を通じて生じる。このとき、ある水準までの活性化は体にとって役に立つし、利用可能になっている。つまり、パフォーマンスが改善する。

しかし、エネルギーが高くなりすぎるときがある。アクセルを深く踏みすぎて、覚醒レベルがパフォーマンスにマイナスの影響を及ぼしてしまうのだ。このようなときは、ブレーキを踏む必要がある。このブレーキは、副交感神経系を活性化してくれるのだ。

中枢神経系が活性化するのをコントロールするために、利用可能で意識的にコントロールできる主な要素の一つが、呼吸である。

図表18－1　副交感神経と交感神経の関係

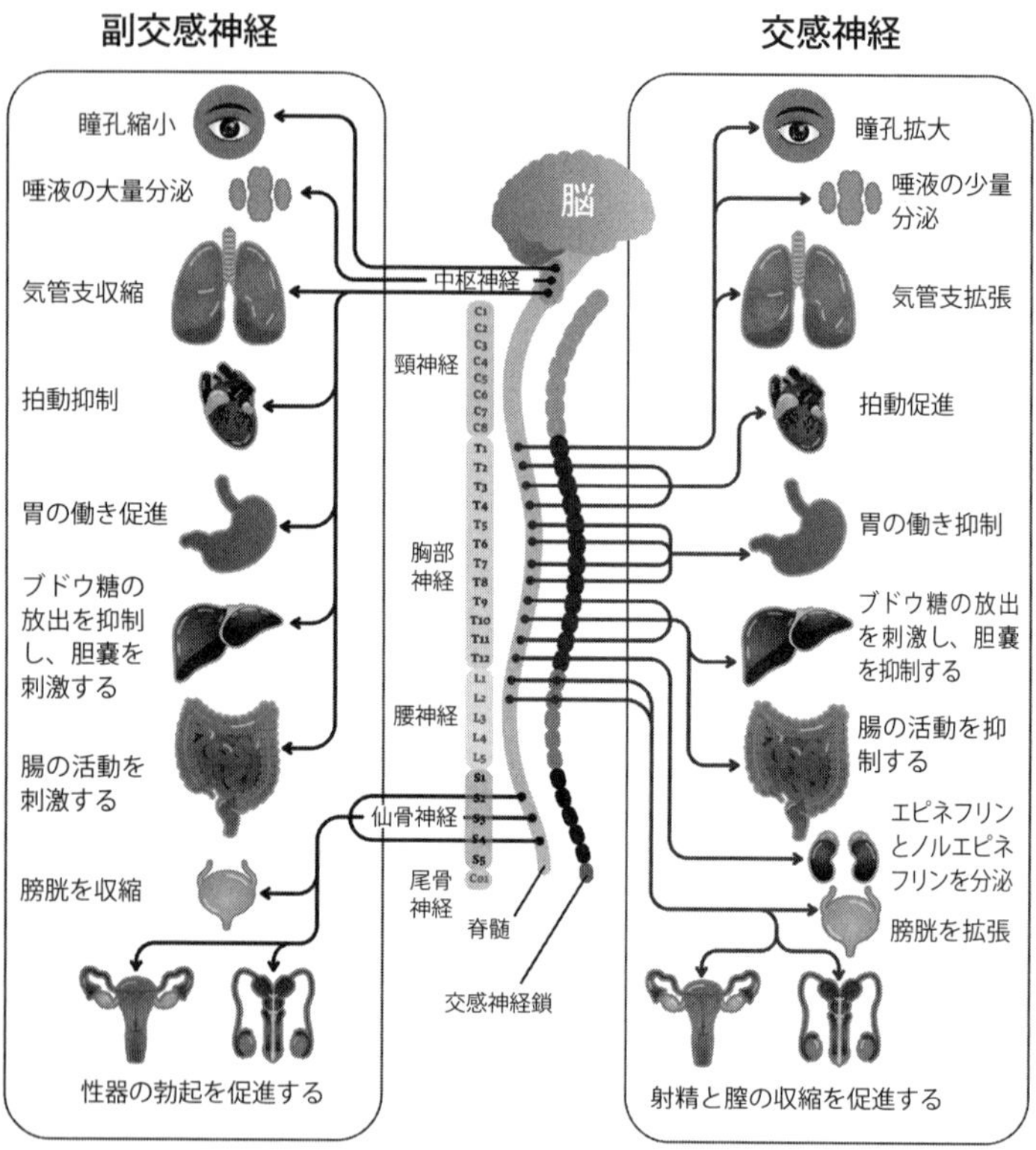
副交感神経
交感神経
瞳孔縮小
唾液の大量分泌
気管支収縮
拍動抑制
胃の働き促進
ブドウ糖の放出を抑制し、胆嚢を刺激する
腸の活動を刺激する
膀胱を収縮
性器の勃起を促進する
脳
中枢神経
頸神経
胸部神経
腰神経
仙骨神経
尾骨神経
脊髄
交感神経鎖
瞳孔拡大
唾液の少量分泌
気管支拡張
拍動促進
胃の働き抑制
ブドウ糖の放出を刺激し、胆嚢を抑制する
腸の活動を抑制する
エピネフリンとノルエピネフリンを分泌
膀胱を拡張
射精と膣の収縮を促進する

呼吸法

大手ヘッジファンドで働くポートフォリオマネジャーが、パフォーマンス系の研修会に参加したあとのフィードバックとして、「呼吸法を取り入れた戦略は、大いに役立っています」と語った。すると、ほかの参加者も口々に賛同した。このなかには、成功している経験豊富なポートフォリオマネジャーも含まれていた。「この方法は、トレード判断を下すときに冷静に集中したり、顧客やメディアにプレゼンテーションをするときにストレスレベルを管理したりする助けになっています」

あなたの呼吸はどの瞬間もあなたとともにある。ただ、ほとんどのときは意識しないで、内面と環境の出来事に合わせて調整したり変わったりしている。呼吸は神経系の変化を反映して、交感神経が活発になれば速くなり、副交感神経が活発になれば遅くなる。また、市場が上がったり下がったりするときも、脳が評価したリスクとリワードを反映したり、脳が恐怖から興奮までさまざまな感情を活性化し、行動するためにエネルギーを集めたりするのに合わせて、調整したり変化したりする。

近年、呼吸の練習や呼吸法を使った健康改善に関心が集まっている。そして、呼吸は私のトレード関係の顧客のコーチングにおける主要な部分になっている。

呼吸を意識する

呼吸法の大事な出発点は単純に呼吸を意識することである。少し時間をとって、自分がどのような呼吸をしているか注目してみてほしい。

時間をとって動きを止め、ただ呼吸を観察する。

- 呼吸の速さについて気づいたことはあるか。
- 呼吸の深さについて気づいたことはあるか。
- 呼吸のリズムについて気づいたことはあるか。吸うときと吐くときを比べるとどうか。
- 呼吸は体のどこでしているか。横隔膜（腹のあたり）か、それとも胸か。
- 呼吸はどこを通っているか。口か、鼻か。

毎日二～三分、呼吸を意識するために行うと大いにメリットがある。何もコントロールしなくてよいし、何かする必要もない。ただ意識するだけだ。このマインドフルネスタイプの練習は、多くの人が行っている。

意識を今に戻す

ハイパフォーマンスは、たいてい今の瞬間に集中することでもたらされる。しかし、ストレスが高くなると、人は今の瞬間から離れてしまうことがある。焦点がプロセスから結果に移り、考え方が「今、何をすべきか」から過去の記憶や将来の不安に移るのだ。

私が教えているテクニックのなかで、顧客のストレスが高いときに冷静さや落ち着きの感覚をもたらす助けになる最も単純で最も効果的なことが、ゆっくりと呼吸を意識するだけの方法である。しっかりと意識しながら、何回かゆっくりと深い呼吸をすればよい。

NBA（米プロバスケットボール協会）のマインドフルネスコンサルタントのジョージ・マンフォードが、マインドフルネスを使えば「ハリケーンの目」の静けさのなかで課題や困難に対処できるようになるという話をしている（The Mindful Athlete : Secrets to Pure Performance; George Mumford, Parallax Press, 2015）。何回かゆっくりと深い呼吸を意識すれば、市場が困難な瞬間や状況でもハリケーンの目のなかに入り、静けさや冷静な感覚を得ることができるのである。

戦術的な呼吸戦略

スポーツのトップ選手や軍隊では、プレッシャー下でのパフォーマンスを改善するために呼吸法を取り入れている。近年、大金がかかった状況で、科学や呼吸法を使ってパフォーマンスを改善する技術とその応用に関心が高まっている。

自分はすでにうまく呼吸ができていると思っている人もいるだろう。実際、生まれてからずっと練習しているのだ。考えなくてもできる。もちろん、私たちはみんな考えなくても呼吸できる。これは自律神経の機能によって自動的に行われていることで、そうでなければ面倒だし危険でもある。

しかし、だれも呼吸を教わったことがないし、基本的にみんなができることだが、呼吸全般を改善するチャンスはある。これによって、健康と幸福が向上するだけでなく、パフォーマンス（特にストレスやプレッシャーのなかでも）を上げることもできる。

呼吸の仕組み

具体的な呼吸法について書く前に、呼吸の仕組みとどのようにして改善するかについていくつかの指針を示しておきたい。

パフォーマンスを改善するための呼吸法を学ぶときには、三つの主な要素について考える必要がある（https://powerspeedendurance.com/video/breathing-for-performance/）。

①場所
②経路
③リズム

①場所

時間をとって呼吸に注目する。自分がどこから呼吸しているかを観察する。エンジンだ。それは横隔膜、つまり腹（下のほう）か、それとも胸（上のほう）か。

通常、ストレスにさらされている人の呼吸は速くて浅くなり、胸の上のほうから出てくる。一方、リラックスしているときの呼吸はゆっくりで、深く、横隔膜（腹）の辺りから出てくる。呼吸を胸から腹に移すことは、副交感神経系を働かせてブレーキを踏む一つの方法になる。

②経路

また少し時間をとって、呼吸に注意を向けてほしい。どこを通って呼吸しているだろうか。口だろうか、鼻だろうか。

呼吸に関する研究で、鼻呼吸は非常に強力だということが分かっている。呼吸法の、特に生理的にストレスを逃がすためには、口呼吸よりも鼻呼吸のほうが効果があるとされている。

私たちの体は、鼻で呼吸するようにできている。鼻には毛や洞や筋肉があり、それらが空気の質を保つフィルターになっている。しかし、口呼吸だとそのフィルターがかからない。口は元々消化器官の一部だからだ。そのため、口呼吸をするのはかなり高度な身体活動のときのみにすべきである。

また、鼻呼吸は酸化窒素（ＮＯ）を排出する。これは、呼吸する空気を滅菌し、気道を広げ（気管支拡張作用）、より多くの酸素を取り入れる助けになる。最後に、鼻呼吸は横隔膜を動かし、取り入れる酸素と吐き出す二酸化炭素の量をうまく調整できる。つまり、鼻呼吸のほうが効率的なのである。

鼻からゆっくりと空気を吸い込み、止め、鼻からゆっくりとはき出し、止める、という呼吸を繰り返してみてほしい。

③リズム

時間をとって呼吸に注意を向け、呼吸のリズムを観察してほしい。息を吸う長さと、吐き出す長さはどうなっているだろうか。

呼吸の仕組みを構成する三つ目の要素はリズム、つまり吸う息の長さと吐く息の長さの比率である。そして、これが呼吸が生理状態に及ぼす影響を左右することになる。息を吸うと、交感神経（アクセル）が活性化し、息を吐くと副交感神経（ブレーキ）が活性化する。吸った息は体にエネルギーを与え、吐いた息は全体のスピードを落とす。呼吸のリズムを変えることで、吸う息と吐く息の比率が変わり、生理的な状態を変えることができる。

- 「一対一」のリズムは吸う息と吐く息の長さが同じ。例えば、四秒吸って四秒吐く。
- 「一対二」のリズムは吸う息の長さの二倍吐く。例えば、三秒吸って六秒吐く。
- 「二対一」のリズムは、吐く息の長さの二倍吸う。例えば、六秒吸って三秒吐く。

呼吸法

呼吸のテクニックや方法はたくさんあり、トレーダーによって好みがある。私はさまざまな方法を試すよう勧めている。まずは市場とは関係のないところで試し、自分に最も合う方法を見つけたら、トレード中に必要に応じて取り入れるとよい。

あとは、一日五分、戦略的に呼吸法をトレードのプロセスに組み込むと、状況管理と生理的な強化に非常に効果がある。また、呼吸のテクニックはトレード日を通して必要に応じて戦術的に短く（二～三秒、二～三分など）組み入れていくこともできる。

静かに集中する　呼吸法の目的は生理的なバランスをとることにある。集中して取り組むが、心は落ち着ける。このときは、一対一のリズム。軍隊では、四秒吸って四秒吐くパターンを戦術的呼吸として教えている。私は、トレーダーの顧客の多くに五秒―五秒の深い呼吸も教えている。

静かにリラックスする　この呼吸法の目的は、スピードを落として弛緩反応を活性化するためにブレーキをかけることにある。このときは、一対二のリズムがよい。これは、吐く息が吸う息の二倍の長さになる。まずは、三秒―六秒から始め、もし心地良くなければ二秒―四秒にする。そして、慣れてきたら三秒―六秒に戻す。練習を続けて、いずれは四秒―八秒でも楽にできるようになってほしい。

第19章

自分を責めない

DON'T BEAT YOURSELF UP

手厳しいトレード批評家か、それとも心優しいトレードコーチか

「トレードで、それまで最大の損失を出したとき、セルフトークがどれほど重要か分かった。それまではある程度安定的に利益を上げていたが、この損失のあとはまったく利益を上げられなくなった。自分のトレーダーとしての自信を維持するのに苦労した」――商品トレーダー

トレードで資金を失ったとき、自分に何と言うだろうか。厳しいドローダウンに陥って苦労しているときはどうだろうか。トレード執行でミスを犯したらどうだろうか。素晴らしいトレードチャンスを逃したときはどうだろうか。

私はコーチングをするなかで、かなり手厳しい自己評価をするトレーダーがいるのを見てきた。

「自分はとんでもないバカだ」
「自分は負け犬だ」
「自分はいつも台無しにする」

もっとひどいのもある。

こんなふうに自分を責めたことがあっても、それは普通のことだ。そう聞いたら驚くかもしれないが、人の脳は判断し、批判する傾向がある。マイナス点を探して最悪の事態を予想し、自分自身に将来の不安や恐怖をあおるようなことを伝え、今持っているものに不満を抱かせるだけでなく、過去のつらい記憶まで掘り起こす。

脳とはそういうものだ。

これは異常でもなければ間違ってもいないが、当然ながらこれが害になることもある。

自分を過度に批判すると、自信やトレードのパフォーマンスに影響を及ぼす可能性がある。ただ、私はこの傾向を、パフォーマンス分野の多くの成績優秀者にも見てきた。彼らの多くが、他人には絶対に言わないような批判を自分に向けている。成績優秀者にとって、セルフトークはものすごくプラスにもなるものである。

彼らの多くは、手厳しい自己批判が自らを鼓舞し、それが成功のカギになっていると考えている。しかし、いつもそうなるわけではない。自己批判は害になることもあるし、特に長期的にはその可能性が高い。

厳しい自己批判の影響を抑えるためのカギとなることをいくつか紹介しておこう。

●自己受容とセルフコンパッション（自己への思いやり）
●自己批判にとらわれない
●全力で効果的なトレードを執行する

セルフコンパッションとは何か

コンパッション（思いやり）という言葉は、トレードやトレーダーについて考えるときにすぐ出てくるものではない。トレードに限らず、トップを目指す世界では同じだろう。しかし、最近ではハイパフォーマンス分野においてセルフコンパッションは心の知能指数とレジリエンス（回復力）を高める必須のスキルだとする研究が増えている（代表的なのはクリスティン・ネフによる研究、『Self-Compassion : Stop Beating Yourself Up and Leave Insecurity Behind』）。

思いやりは普通は称賛される。たいていは、親切や同情や支援などの行動によって示される。セルフコンパッションは、これをトレードで苦戦しているときや、負けているとき、ミスを犯したとき、自分にトレーダーとして好ましくないことを見つけたときなどに自分に向けて行うことである。

自分に対して判断や批判をせずに、ある程度、セルフコンパッションを持ってみよう。自分の状況に理解と感謝の気持ちを持ち、自分は人間で誤りを犯すこともあることや、すべてが自分の思いどおりにはならないことを受け入れる。資金を失うことや、間違うことや、トレードチャンスを逃すことや、時にはトレード計画から外れることや、目標を達成できないことや、イライラすることがあっても、それに耐えるのだ。

これがトレード経験であり、人間の状態を反映している。

セルフコンパッションの三つの要素

ネフの研究によると、セルフコンパッションは次の三つで構成されている。

①自分に対する優しさ（自己批判ではなく）

自分に対する優しさとは、うまくいかないときに自分を責めたり、ひどく自己批判したりするのではなく、自分自身をより受け入れ、理解することを意味している。

カギとなるのは、不完全さは避けられないということだ。失敗したり、資金を失ったり、ドローダウンに陥ったり、ミスをしたり、チャンスを逃したり、忍耐をなくしたり、バイアスに惑わされたり、騒動に駆られたり、そのほかの困難を経験したりすることはトレードにおいてまったく普通のことと言える。

計画どおりに行かなくても、自分にそこまで手厳しくすることはない。自分は人間で、時には誤りを犯すということを受け入れる。完璧になるために戦う必要はない。そう思うことでストレスやイライラや自己批判を減らし、より落ち着いて困難に対処することができるようになる。

②共通の人間性（自分だけではない）

私が一対一のコーチングを行った多くのトレーダーは、問題で苦しんでいるのは自分だけだと思っている。彼らは、資金を失ったことにひどく怒ったり、イライラしたりするし、「バカ」なミスを犯して恥ずかしく思ったり、負けトレードを損切りしなかった後悔を引きずっているのも自分だけだと思っている。

人は完璧ではないのだから、トレーダーも同じだ。そして、すべてのトレーダーは資金を失うし、ミスを犯すし、チャンスを逃すし、トレード計画に従わないときがあるし、ポジションサイズが大きすぎたり小さすぎたりすることがあるし、ドローダウンも経験する。

セルフコンパッションには、課題に直面しているのが自分だけでないことに気づくことも含まれている。このような課題やそれに対する反応はすべてのトレーダーが経験していることで、通常のトレードの一部にすぎない。

③マインドフルネス（過剰な同一化をしない）

セルフコンパッションは、トレードで生じるマイナスの思考や気持ちにバランス良く対処することである。これは、思考や気持ちを抑えるのでも、誇張するわけでもない。

先述のとおり、目的はネガティブな思考や気持ちを排除するのではなく、そこに目を向け、受け入れ、観察することである。つまり、自分の内面の経験に気づきつつも、それにとらわれたり、反応的に流されたりしないようにすることにある。

そのためには今の瞬間に注目し、気づきや分離やとらわれないことや感情を受け入れるといったスキルを身に付けることが主要な役割を果たす。

セルフコンパッションのメリット

セルフコンパッションのレベルが高い人は、自分の失敗やミスに対してあまり批判しない。

彼らは、失敗や挫折や困難は人間が普通に経験することだと分かっている。そして、困難に襲われたときに経験するネガティブな思考と感情にバランス良く対処することができる。

また、セルフコンパッションのレベルが高い人は、あまり心理的苦痛を感じたり失敗を恐れたりせず、失敗や挫折のあとに回復しようとする強い動機があり、逆境を克服するのがうまい。トレーダーにとってセルフコンパッションとは、失敗や挫折や困難や損失やミスを避けることはできないが、貴重な学びの場だと認識していると言える。これは、受け入れ、取り組むことであって、避けることではない。

また、セルフコンパッションとは自分が弱い分野を認識し、自分ができる最高のトレードをするために自分を向上させていくことでもある。

セルフコンパッションを身に付けると競争力を失うのか

私のコーチングを受けたトレーダーの多くが、自分が自分の最も厳しい批評家だと言っていた。そして、彼らの多くがそれは価値あることだと思っていた。彼らは、自己批判によってトレードを続け、改善していき、損失やミスから学ぶのだとも言っていた。

ただ、自己批判をしすぎると、自分への信頼を下げる可能性があり、次のような影響もあるかもしれない。

●新しいことに挑戦したいという気持ちをなえさせる
●不安や落ち込みのリスクを高める
●自己効力感を下げる
●失敗をより恐れる
●目標達成を抑制する
●自己認識を下げる
●弱い分野に取り組むことを妨げる

多くのトレーダーが、自分に厳しくしないと競争に負けるのではないかと心配していた。しかし、実はそうではない。

トレードで困難に直面したときにセルフコンパッションができるようになると、厳しい自己批判の悪影響を受けることなく、直面する課題から学び、乗り越えることができる。なかには、セルフコンパッションは失敗に対して自己批判よりも適応力のある手法だという人もいる。このほうが改善のためのより大きな努力が必要で、そのことがより大きなモチベーションにつながるからだ。

セルフコンパッションの練習によって自信を強める

セルフコンパッションはさまざまな方法で身に付けることができる。これはスキルであり、ほかのスキルと同様に練習すればできるようになる。

すぐできる簡単な方法の一つとして、親しい友人や同僚に話すように自分に対しても話すことを意図する。そのことを常に心がけ、特にトレードで厳しい時期はそうしてみる。支えになってくれるコーチがいるならば、困難な状況や時期にどのような手助けをしてくれるか考えてみる。

①知り合いのトレーダーが落ち込んでいる様子を想像してほしい。あなたならどう対応するだろうか。どのような言葉をかけたり行動をしたりするか書き出してみる。声の調子にも注意を払う。

②次に、あなたが落ち込んでいるときのことを思い出してほしい。自分に対してどのような対応をするだろうか。自分にどのような言葉をかけるか、書き出してみる。声の調子にも注意を払う。

③知り合いのトレーダーと自分に対する対応に違いはあるだろうか。もしあるならば、どの部分か。なぜそうなったのだろうか。どのような要素が自分と他人への対応に違

いをもたらしたのだろうか。

④もし、苦しんでいるときや厳しい時期に、自分にもほかのトレーダーに見せるような対応をしたら、どのような変化があると思うだろうか。それを書き出してみる。

自分のセルフトークに気づき、厳しい自己批判をやめることには大きなメリットがある。これは第15章で紹介した分離のプロセスである。時間をとって、批判的な考えに「判断」と名前を付け、それを心の判断として観察する。「これが私が考えていることだ……」。そうすることで、心の痛みを取り除き、考えを考えとして見る、つまりそれは心的出来事の一つであって無謬でも最終的でもないととらえることができる。

別の練習として、トレード日誌に新しい項目を加え、一日の終わりの五分間、困難な状況で自分を厳しく批判したことについて書くという方法がある。自分がどう感じたかと、その理由も書く。第16章で書いたとおり、これによって無用な思考を分離して処理して内省することで乗り越えることができる。

最後の練習は、いつも自分に厳しくなってしまう状況について考えてみてほしい。そのような状況で自分に対して言った言葉をそのまま書き出し、そのときの気持ちも合わせて書く。次に思いやりがあり、あなたのことを親身になって考え、あなたの潜在能力を引き出すために支えてくれているトレードコーチの立場になって、その状況であなたにどのような言葉をかけるか、それがあなたにどのような影響を与えるかを考えてみる。

状況	独り言	気持ち	コーチの言葉	影響

8 柔軟性

FLEXIBILITY

第20章 困難のなかでチャンスを見つける

FIND THE OPPORTUNITY IN THE DIFFICULT

ネガティブバイアス

フェラーリや死んだネコ、あるいは皿の写真を見せられたとする。

それぞれについてどのように感じただろうか。

このとき、脳の大脳皮質（情報処理が行われるところ）では、電気信号が記録されている。

そのあとどうなると思うだろうか。

これは、ジョン・カチョッポ博士が、脳が異なる刺激に対してどう反応するかを調べた研究の一部である（https://www.psychologytoday.com/gb/articles/200306/our-brains-negative-bias）。

被験者は次の写真を見せられた。

●フェラーリ（ポジティブな気持ちを起こすことが知られている）
●死んだネコ（ネガティブな気持ち）
●皿（中立）

この研究は、脳がネガティブな刺激により強く反応することを示した。ネガティブな刺激のほうがポジティブな刺激よりも電気信号が多く流れていたのだ。

言い換えれば、私たちにはネガティブバイアスがある。私たちの脳はネガティブな出来事により影響を受けるということだ。私たちはこのバイアスによって危険な道を避け、それが生き残りのカギとなった。つまり、脅威に注意を払うことは古来より非常に価値があった。

そして、ストレスにさらされるとこのバイアスは倍増する。私たちは脅威やリスクに対して過度に注意深くなり、ネガティブなことに過度に集中する。しかし、これは効果的なトレード判断を下すときには役に立たない。そこで、このネガティブバイアスのバランスを調整することが重要になる。

効果的な方法の一つは、見方を変えることである。柔軟な視点で物事をとらえるスキルは、生来の心理反応にとらわれないようにするための一つの方法である。

チャンスを見つける

「Opportunitiesarenowhere」をどう読むだろうか。

「Opportunities are nowhere」（チャンスはどこにもない）と読む人もいるだろう。

「Opportunities are now here」（チャンスは今ここにある）と読む人もいるだろう。

同じ文字が同じ順番に並んでいるが、ここには二つのメッセージがあると見ることができる。

市場の「チャンスはどこにもない」と読んだ人はどのような経験をするだろうか。

市場の「チャンスは今ここにある」と読んだ人はどのような経験をするだろうか。

市場をどう見るかは、どう感じ、どう行動し、どう判断するかに影響を与える。そして、いずれ市場からどれだけの利益を得られるかにも影響する。

私はこれまで「チャンスはどこにもない」的見方をするトレーダーをたくさん見てきた。リーマンショックから間もないころに、あるトレーダーが私に「トレードはもう終わりだ」と言った。彼のその後の結果はあまり生産的ではなかった。

防弾仕様のトレーダーには、困難のなかでチャンスを見つける力が必要になる。ネガティブバイアスがあると、「チャンスはどこにもない」という見方に陥りやすい。「チャンスは今ここにある」的見方をバランスよく保つためには、コミットメントと練習が必要になる。

私はこの見方を「大きなレンズで見る」と呼ぶこともある。これは柔軟な考え方をすることで、効果的なトレードを促すことにつながる。

「困難な時期に最高のチャンスが訪れる」――ファンドマネジャー

困難な時期にチャンスを見つけるための役立つ質問

- この状況でどのようなチャンスがあるか。
- この状況の良いことは何か。
- この状況から何を学ぶことができるか。
- この状況からどのようなスキルや知識が得られるか。
- この経験がどのようにして自分をより良いトレーダーにしてくれるか。
- この経験から何を学んだり得たりできるか。

結局のところ、困難な状況や力が試される時期や障害は、トレーダーにとって価値がある場合が多い。これらは発展的な状態で、隠れたチャンスであり、価値のある教えでもある。ここで必要なスキルは、チャンスを見つけて、それを生かすことだ。ストア派は常にどんな状況でも、たとえそれが損失や悲劇であっても乗り越えようとした。しかも、そこから教訓を得ようとし、その結果として意味のある行動を取ろうとした。

逆説的ではあるが、課題や困難に直面し、乗り越えることでのみ、トレーダーとしての潜在能力をすべて発揮するための心理的スキルを伸ばすことができるのである。この能力には次のようなことが含まれている。

- コミットメント
- 自信
- レジリエンス（回復力）
- 柔軟性
- 冷静さ

学びと利益

「優れた人は出来事を自分の色に染め、何が起きても自分の利益にできる」――セネカ私はある世界的なトレード会社と長期的なコンサルティング契約を結び、継続的に損失を出していたり利益率が下がったりしていたトレーダーを指導したことがある。トレーダーにとってこのような時期は心理的に困難で、乗り越えるのが難しい。私はトレーダーの状況や経験やトレードスタイルや市場や性格や好みに応じてさまざまな手法や戦略を用いたが、そのなかで私が発見したある枠組みを頻繁に用いていた。

それがメンタルシフトだ。利益から学びに視点を変えることである。

私の経験では、トレーダーが高いパフォーマンスを上げて稼いでいるときには全力で稼ぐことに集中している。つまり、利益を最大にすることだけしか考えていない。そして、このようなときにスキルや知識や戦略を改善しようとする人はほとんどいない。農家が「天気が良いときに干し草を作る」ように、トレーダーはチャンスがあればそれを最大限生かして「稼げるときに稼いでおく」のだ。

トレーダーは、損失やドローダウンや市場の変化に見舞われて初めて深く考える。そして、内省的になり、新しいスキルや知識を身に付けることを考え始める。これは学びを重視した段階で、スキルや知識を伸ばし、技術と心と体を磨くチャンスになる。そして、自分の戦略がトレード行動を調整したり適応させたりしていく。

図表20－1が示すとおり、高リターンの時期のあとはたいてい低リターンの時期になり、そのあとはまた高リターンの時期になることが多い。トレードのパフォーマンスは循環的なのだ。

図表20－1　利益と学びのサイクル

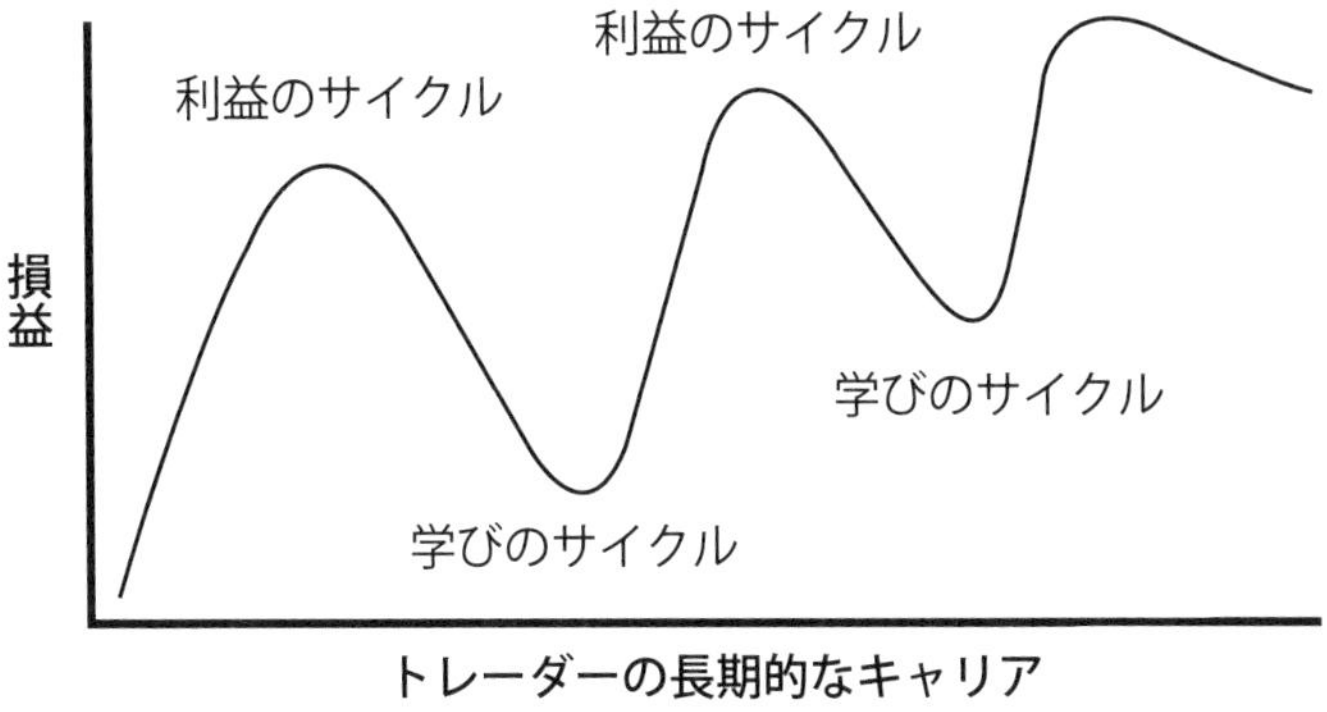

これはたいてい市場の変化を反映し、市場力学とトレーダーのスタイルや戦略が同時に起こるためだと考えられる。

トレーダーにとってこのサイクルの危険性は、ダウンサイクルの不快感とそれを避けようとすることによって、次のような破壊的な行動に出てしまうことにある。

- 自分の手法から外れる
- 過度なリスクをとる
- スキルを持っていない市場でトレードする

どれも利益を上げて稼ぐためだが、ダウンサイクルで重要なのは状況の変化に気づくことである。そして、その時点で利益から学びに、意識を切り替える必要がある。

そうすれば、それまでとは違うより有益な行動、つまり新しい状況により適した行動が取れるようになる。そして、その行動がより効率的にダウンサイクルから抜け出すことにつながる。

ダウンサイクルの間に高めたスキルや知識や行動は、次のダウンサイクルを乗り越える資源になる。そして、将来の利益サイクルで付加価値を発揮し、より高い利益をもたらしてくれる可能性がある。

不快な状況に慣れるチャンス

トレードが困難な時期にも、必ず一つは学べることがある。それは、その時期にトレードがよりうまくなる可能性があるということである。

負けているときは、損失に対処するのがうまくなる。ドローダウンのときはドローダウンに対処するのがうまくなる。市場が変化しているときは、自分のトレードスタイルを適応させていくのがうまくなる。困難に対処するスキルは、困難に見舞われているときに育つ。トレードで苦しんだ経験は、どれも内なる砦を築き、練習して、砦の防弾仕様を強化するチャンスなのである。

トレードでは必ず逆境を経験する。これは、生理的イクスポージャーと強い適用力を得るチャンスであり、心と感情のスキルと資源を強くするチャンスでもある。

困難な時期は不快だ。つまり、これは不快なことに慣れる素晴らしい練習の場を与えられたということでもある。この機会に困難を受け入れることを学び、行動にコミットすることを練習し、泰然とした姿勢を向上させてほしい。

上空からの視点

ストア派は世界を上空から見ることを実践していた。これは、世界の移り変わりとそのなかでの経験を、その内側からではなく、中立的に観察するということである。

世界を上空から見ても、世界で起こっていることは変わらない。しかし、異なる視点を持つことで、起こっていることを自分がどう感じるかは変わってくる。世界を上空から見ると、トレードという経験についても異なる視点が得られる。苦しいときは状況にそのまま巻き込まれてしまいやすい。すると、自分の考えや感情にとらわれ、不安や不快に感じるかもしれない。

負けトレードを上空から見ると、これまで行ったすべてのトレードのなかの一つとして、大局的な見方ができるかもしれない。負けトレードもたくさんのトレードのうちの一つにすぎない。ドローダウンの期間を上空から見ると、今の考えや感情への執着が薄れるかもしれない。

そうすれば、より中立的な視点で、その時期にあるチャンスに目を向け、より効果的な行動を選択できるかもしれない。

「上空から見よ。何千匹もの牛や羊、何千もの人間の儀式、嵐や静けさのなかを行く多くの航海、さまざまな創造と給付と消滅の広がりを見るのだ。また、ずっと昔に生きていた人たちの人生や、君の死後に生きる人たちの人生や、今、君とは違う国で生きている人たちの人生に思いをはせてみよ。君の名前など聞いたこともない人や、聞いてもすぐ忘れる人、今は君を称賛してもすぐに非難に転じる人がどれくらいいるだろうか。記憶も名声もそれ以外の何も、考える価値があるほど重要ではないということをよく考えてみてほしい」――マルクス・アウレリウス（https://medium.com/stoicism-philosophy-as-a-way-of-life/take-a-view-from-above-d24d423f978a）

トレードの課題について異なる視点を得る助けになる練習をしてみよう。


楽な姿勢で座って目を閉じる。

想像力を働かせて、自分の仕事机を上のほうから見てほしい。

自分の姿を見ながら、視点をさらに上に上げて、自分の場所、その建物、町、世界と範囲を段階的に広げていく。

自分のトレードの課題をそれぞれの段階の景色と比べてみる。

また、ほかの多くのトレーダーがトレード一つひとつで課題に直面していることにも気づく。

ロールモデルの役割

自分のトレードで困難な状況やストレスがかかる状況について考えてみてほしい。次に、トレードにおける自分のロールモデルについて考えてみてほしい。直接の知り合いでもよいし、面識がない人でもよいし、本を読んで知った人でも、想像上の「理想のトレーダー」でもよい。

この困難な状況で、そのロールモデルや理想の自分ならば、どうするだろうか。トレードで困難に直面したとき、「自分のロールモデルならばどうするか」と自問すると、刺激と反応の間に一呼吸置くことができ、過剰な反応を減らすことができ、目の前の状況に対して異なる視点を持つことができる。そして、それによって最善の反応を選択できる。ストア派は、この「賢者を注視する」という方法を用いて、課題や困難に直面したときは「賢者ならばどうするだろうか」と自問する。

「『私たちは、自分が好む善良な人が常に目の前にいるつもりで行動する必要がある。そうすれば、彼が自分を見ているつもりで生き、彼が見ているつもりで行動することになる』とエピクロスは勧めている。彼は私たちに保護者とモラルの師を与えているが、それには理由がある。近くに常に自分を見つめている人がいれば、悪行は大幅に減るからだ」――セネカ

第21章

変化にうまく適応できるようになる

GET GOOD AT ADAPTING TO CHANGE

変化を避けることはできない

「あらゆることをして次のルールに従え。逆境に屈しない、繁栄をけっして信じない、そして運命の女神は常に自分がしたいように振る舞い、自分の力の及ぶことはすべて行うつもりでいるということを理解すること。そうすれば、いずれ起こると思っていたことが起こっても、あまりショックを受けずにすむ」――セネカ

変化を避けることはできない。このことは、トレードにおいて数少ない確実なことの一つである。ストア派は、すべては変わる必要があり、だからこそ人生で新しい展望が開けるのだと考えていた。彼らは、変化に驚く人たちは愚かだと思っていた。変化が起こることが分からな

かったわけはない。セネカは、悪いことが永遠に続くわけではないので逆境に屈してはならないが、良いときが永遠には続かないことも知っておく必要があると教えている。永遠のものなどないのである。

フロアード——最も適応したものが生き残る

「一九九七年には一万人の場立ちがいた……今残っているのは約一〇％だ」

これは、二〇〇九年に制作されたドキュメンタリー映画の『フロアード（Floored）』（ジェームス・アレン・スミス）のオープニングの言葉である。この映画はシカゴの場立ち（フロアトレーダー）が電子取引の普及によって激減していく様子を描いたもので、新しいトレードの世界に適応しようとするトレーダーたちが登場する。

私のお気に入りのシーンの一つで、私の研修会でもよく見せているのが、フロアトレーダーのケニー・フォードと元フロアトレーダーで今はソフトウェアエンジニアのマイク・フィッシュベインが話す場面だ。二人は市場の進化と機械化、そして電子トレードがいかにひどいものかについて語っている。

フォードは変化が起こるのを目にし、それを嫌い、変わりたくない人の典型と言える。

フォードの見方をいくつか挙げてみる。

「コンピューターは史上最悪の発明だ」

「コンピューターには勝てない」

「オープンアウトクライ方式（立ち合い取引）がこれまでで最も公正なトレード方法だ」

「コンピューターがずるをしているのは間違いない」

私が好きなのは、これらの発言に憤慨したフィッシュベインの返事だ。

「おまえがミュージシャンだとしよう。好きなのはジャズだが、だからといってクラシックを演奏できないわけではない。ジャズのほうが好きだがクラシックも弾ける。市場はオーケストラのようなものだ。与えられた曲を演奏しなければならないんだ」

常に変化している世界で、フロアードという映画は深刻な変化が起こっているトレードの世界に直面したトレーダーたちに起こった現実を見せてくれる。進化論の基本とは、生き残るトレーダーもいれば、死ぬトレーダーもいる。チャールズ・ダーウィンの言葉を借りれば、こうなる。

「生き残るのは、最も強い種でも最も賢い種でもなく、最も変化に適応した種である」

生き残ることが絶対ではない

もし心臓発作に襲われて、もしかしたら死に至る次の発作を避けるためにはライフスタイルを変えなければならないと言われたら、あなたはどうするだろうか。

おそらく、必要に応じて変えると言うだろう。もっと健康的な食事をし、もっと頻繁に運動をする。変わるか死ぬかという選択を突きつけられたら、そうしない人はいないだろう。

ところが、実際にはほとんどの人がそれをしない。これは驚くべきことだ。効果的な行動を取るのに、死にたくないということ以上の動機があるだろうか。しかし、約九〇％の人がこのような状況でもライフスタイルを変えない（Change or Die : The Three Keys to Change in Work and Life; Alan Deutschman, Harper Business, Reprint edition, 2007）。そしてその多くが死んでいく。

私が二〇〇五年に初めてトレーダーのコーチングを行ったのは、ロンドンにある世界的なプロップトレード会社だった。最初の二～三カ月で、ベテラントレーダーの多くが望むリターンが上げられずに苦しんでいることが明らかになった。これは、彼らのトレードのスキルや知識が足りないからではなく、単純に市場がより効率的になったからだった。

彼らがかつて持っていたエッジが通用しなくなっていたのだ。

彼らが日々やっていることは機能しなくなっていた。彼らのなかには苦労して自分のトレードスタイルや戦略を適応させるよう努力し、トレーダーの仕事を守った人もいれば、それまでと同じ方法を続けた人もいた。後者はずっと利益が出ず、損失ばかり積み重なって、そのストレスで結局はトレーダーを辞めることになった。

私はトレーダーのコーチングを始めて以来、市場の変化に適応する能力が、高パフォーマンスを維持するために最も重要な資質だということを繰り返し見てきた。トレーダーが持っているエッジ（優位性）は、どれも一時的なものにすぎない。短期的には柔軟に対応し、長期的に適応する能力は、最大の利益を上げて市場で長くトレードを続けるための前提条件なのである。

結局、自分を変えるかどうかはトレーダー次第だ。W・エドワーズ・デミングもこう言っている。「変わる必要なんてない。生き残ることが絶対ではないのだから」

将来の研究

私がかつてコーチングをした成功しているトレーダーの一人は、ある程度の時間を割いて、市場やトレードにどのようなことが起こるかを考えていた。彼の目的は、将来に起こる変化やチャンスを探すことだった。それらに今、備えることで、何かが起こったときにすぐに順応できるからだ。

これは、研究開発のプロセスと似ているところがある。彼は将来のパフォーマンスに備えながら、短期的なパフォーマンスも維持していた。

このような、先を見据えて計画や戦略を立てるプロセスは、オリンピックでできるだけ多くのメダルを獲得するためイギリスのスポーツ界でも行われている。例えば、彼らは次のような課題を挙げている。

●二〇二四年においてエリートスポーツの世界を形成していく将来の世界的なトレンドやメガトレンドは何か。
●アスリートのパフォーマンスの限界はどこにあるのか。
●アスリートの健康をどう管理するのか。
●優秀なリーダーやコーチがどのような指導をしていくのか。
●この業界がテクノロジーやビッグデータをどのように使っていくのか。
●リオデジャネイロオリンピックで、イギリスがメダル数で中国を上回るというだれもが不可能だと思っていたことを成し遂げた。それならば、アメリカを超えることは可能だろうか。それにはどうすればよいのだろうか。
●アスリートのトレーニングやパフォーマンスに革命を起こす可能性がある新しいテクノロジーはあるのか。それをどのように使っていくのか。
●イギリスのスポーツ界におけるハイパフォーマンスシステムの公的資金への依存を減らすた

めにはどうすればよいのか。代わりとなるビジネスモデルはどのようなものなのか。
●だれも注目していない将来のメダリストはどこにいるのか。

これらはすべてUKスポーツ・フューチャース・ラブ（年に数回、学問、実務、ビジネス、スポーツなど幅広い分野の専門家を集めて行われる一日の話し合い）で挙がった質問だ（The Talent Lab：How to Turn Potential into World Beating Success; Owen Slot, Simon Timson, Ebury Press, 2018)。彼らは注意深くスポーツの将来と、四～八年後にエリートパフォーマンスの世界がどのようになっているかについて考えている。これは、さまざまなオリンピック競技のアスリートが将来、彼らの最高のパフォーマンスができるようにしていくための試みでもある。彼らは議論し、アイデアを出し、疑問を呈していく。

そして、結果を行動に移す。このなかには、新しいテクノロジーやトレーニング以外に、アスリートやチームがライバルを上回るためのエッジを強化するための資金調達や支援なども含まれている。

私も、これに似たプロセスを顧客へのコーチングで用いている。これは、トレーダーやトレードチームに将来や、トレードの世界がどこに向かっているのかについて考えさせ、新しい知識やスキルや戦略を事前に準備させるための実用的で素晴らしい方法だと思う。反応するのではなく、事前対策を講じるのである。

- ●あなたにとって、将来トレードはどうなるだろうか。
- ●考えておくと役に立つ五つの課題を挙げよ。
- ●将来のトレード環境でうまくトレードするためにはだれのようになる必要があるのか。
- ●変わらないものは何か。
- ●これから始めるべきことや強化していくべきことは何か。
- ●これからやめるべきことや減らしていくべきことは何か。

新しい市場に効果的に適応する

新しい市場に適応することは本来、変化のプロセスにすぎない。そして、トレーダーによって変化することがあまり苦にならない人もいる。変化をすぐに受け入れる人もいれば、受け入れには慎重な人もいる。ただ、市場で長期間、生き残っていくためには適応する必要がある。

新しい市場でのトレードにうまく適応できるかどうかに影響を及ぼす七つの要素を次に挙げておく。適応するプロセスで役立ててほしい。

①認識

最初のステップとして、市場が変化しており、将来は今のトレードの仕方のままでは通用しないかもしれないことに気づく必要がある。

トレーダーは、変化に適応しなければならないときに直面する課題として、それが短期的な変化なのか、それとも長期的でより体系的な変化なのかを見極める必要がある。私個人は、トレーダーが自分のトレードを常に精査し、評価していれば、これはある程度分かると思っている。とはいえ、これはそもそも不確実性と新規性とコントロール不能からなる状況のなかで判断するしかない。

②準備

市場が変化していることに気づくことと、それに合わせて実際に自分を変えることには違いがある。市場の変化に気づきながら、そのとき自分を変えるべきことをしなかったトレーダーを私はたくさん知っている。

私はコーチングをするときに、顧客が変わる準備ができているかどうかを見る。もしその準備ができていなければ、その時点で私ができることはあまりない。相手の準備ができるまでは、指導できることがあまりないからだ。「学ぶ準備ができたときに師は現れる」という格言もある。

③枠組みを変える

多くの人は変化を脅威だととらえている。ネガティブな出来事として。トレーダーが新しい市場に適応しなければならないとき、彼らはたいていそれまでのエッジをあきらめて新たなエッジを探す。そして、利益率は下がる。新しいスキルや知識や戦略を構築するには、短期の金銭的な利益があまり得られなくても、時間と労力をつぎ込む必要がある。

このとき本当に必要なのは「利益」への集中から「学び」への集中に意識を変えることである。多くのトレーダーは、難題や困難に見舞われたとき（例えば、市場の変化）しか新しいスキルや知識を学ぶことにコミットしない。好調なときは、トレードして稼いでさえいればよいからだ。

次のことを自問してみてほしい。

●この変化の良い点は何か。

- 何を学ぶことができるのか。
- どうすればトレードが上達するのか、どうすればより良いトレーダーになれるのか。

④関係性

自分のトレードを適用させるときにほかの人の支えは大変役に立つ。このことがプログラムをうまく変更するための核となる要素の一つだということは証明されている。コーチやファシリテーター（進行が円滑に進むように支援する人）や仲間が軌道を外れないように見守り、懸念を共有し、励ますといった支援をすれば、大きな違いを生む。私自身も、これが厳しい時期に直面しているトレーダーのコーチとしての中心的な役割だと思っている。

- 自分のトレードを変えるときに、だれが支援してくれるだろうか。

⑤繰り返す

結局、変わることは行動することであり、これまでとは違うことをすることである。このとき、取るべき具体的なステップを見つけることがカギとなる。そのためには、新しい市場を調べ、新しいトレード戦略を試し、必要な知識を獲得し、新しいスキルを身に付けるなどといったことをしていかなければならない。

●なぜ、この変化が自分にとって重要なのか。
●どのような価値観や強みや行動の質を利用できるのか。
●具体的にどのような行動をする必要があるのか。

⑥抵抗

変化と適応のプロセスでは、理解しにくい思考や感情が生じることがよくある。これは至って普通のことだ。このようなときは、恐怖やイラ立ちや不安だけでなく、「うまくいかない」「時

図表21－1　変化のプロセスにおける再発は市場のプルバックと似ている

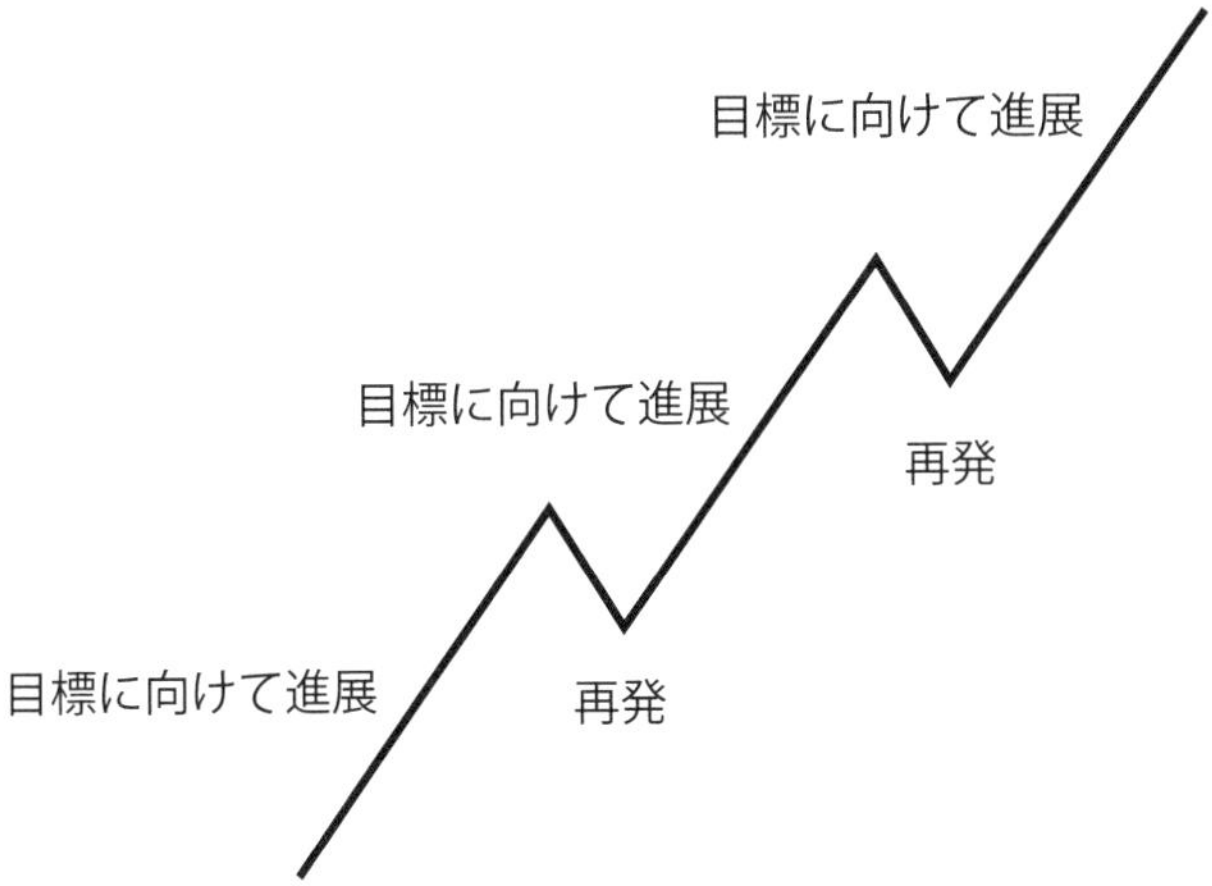

間がかかりすぎる」「十分な利益を上げていない」などといった考えが浮かんでくるかもしれない。このようなときこそ、考えや感情に対処するスキルが重要になる。それによって、行動にコミットすること、つまり自分にとって重要な行動に集中し続けることが可能になるからだ。

⑦再発

新しい市場に適応しようとしているトレーダーはたいていこう言う。「やろうとしたがうまくいかなかった」

「それでどうしたのですか」と私は聞く。

「以前のトレード方法に戻した」とトレーダーは言う。

自分を変えるプロセスは直線的でも指数

関数的でもなく、どちらかというと上昇トレンドの形に似ている。上昇モメンタムが高まった時期のあとはプルバック（心理学で言うところの再発）がある。

再発は変化のプロセスで普通にあることだ。本当に変われるかどうかは、再発したときにどうするかで決まる。多くの人は再発を失敗と解釈して、古いやり方に戻す。しかし、再発が変化のプロセスの一部だと知っていれば再発に備え、違う反応ができる。つまり、それを再発だと認識し、リセットしてまた進んで行くことで、次の上昇モメンタムにつなげていくことができるのである。

9 状態を管理する

STATE MANAGEMENT

第22章

自分のストレスレベルと疲労レベルを観察する

MONITOR YOUR STRESS AND FATIGUE LEVELS

トレードのパフォーマンスの生理学

トレードしているときに、自分のストレスレベルが高いと思ったことがあるだろうか。そのことがトレードの行動や判断にどのような影響を及ぼしただろうか。

あるいは、トレードをしながら疲れたとか消耗したとか感じたことがあるだろうか。そのときは、トレードの行動や判断にどのような影響を及ぼしただろうか。

生理的な感覚は、心理機能に大きな影響を及ぼす。特に影響が大きいことを挙げておく。

●集中や認識のレベル
●思考の質

●経験する感情
●衝動性
●リスクのとり方
●判断

脳は体の一部であり、体の調子を反映する。脳と生理機能は深くつながっているのだ。心と体を明確に分けるものはない。そのため、生理的な状態（どれくらいのストレスを抱え、どれくらい疲れているか）は、脳の機能にも、トレーダーとしてのリスクのとり方や判断の仕方にも大きな影響を及ぼす。

疲労は私たちを臆病にする

仮釈放が申請された一一〇〇件について調べた研究によると、仮釈放するかどうかに大きな影響を及ぼした変数が一つあった。それは判事が仮釈放に関する判断を下した時間だ（Danziger, S., Levav, J. and Avnaim-Pesso, L. [2011]. 'Extraneous factors in judicial decisions.' Proceedings of the National Academy of Sciences USA, 108[17], 6889-6892）。

仮釈放の審査を午前中の早い時間に受けた囚人は、約七〇％が許可された。しかし、一日の遅い時間に審査を受けた囚人は、許可された割合が一〇％にも満たなかった。

判断にはエネルギーがいる。しかし、疲れていると、脳は少ない資源で判断を下さなければならないため、認知的安らぎと呼ばれる神経的状態にとどまろうとする。つまり、脳はできるかぎり、精神的近道を使って素早く簡単に判断するように指令を出す。疲れがたまってきた仮釈放委員にとって、最も単純で速くてリスクが低い選択肢は囚人を収監しておくことなのである。

疲労が判断に及ぼす影響をまとめると、いくつかの重要な結論が明らかになる。

- 低労力の戦略を採用する
- 高度思考が減り、リスクバイアスが大きくなる
- 急いでよく考えずに判断する
- リスク認識の低下
- 最低限の行動ですむことを重視した判断
- 自制心が下がる
- 間違うリスクが高まる

長期的には、疲労は健康やコミットメントやモチベーションのレベルに影響を及ぼす。また、

リスク回避の傾向も高まる。アメリカンフットボールの有名コーチだったビンス・ロンバルティは次のように言っている。「疲労は私たちを臆病にする」

ストレスが誘発する非理性的悲観

短期的な強いストレス（例えば、市場の急な動きやボラティリティの高まりやポジションの逆行や負けトレードやミスを犯すなど）は、ストレス反応を活性化する。極端な場合は、認知機能が下がり、判断力に影響を及ぼすこともある。

ストレスが高い状態が長期間に及ぶと、さまざまな有害作用が出てくることがある。そして、連敗が続いたり、市場の変化が続いたり、過度の困難に直面したりすると、いわゆる慢性ストレス状態に陥ることもある。

この長期にわたってストレスにさらされる状況はコルチゾールの分泌を増やし、非理性的悲観と呼ばれる状況をもたらす。トレーダーは今の脅威やリスクに過敏になり、過去に脅威を感じたエピソードを選択的に思い出して将来の危険をイメージする。

その結果、トレーダーはリスクを回避するようになる。そして、極端な場合は気分の落ち込みや消耗やしびれなどの症状が出てきて、「意気消沈」することがある（逆に、対極である「高揚感」に浸って不眠症や過覚醒や興奮や不安の症状が出ることもある）。

ストレスはエネルギーが高い状態で、代謝（エネルギー）要求が増える。そして、強いストレスが長く続くと、エネルギー消費も多くなる。そうなると、短期的には疲労が大きくなり、長期的には燃え尽き症候群のリスクが高くなる。

ストレスと疲労のレベルを管理することが生理状態を最適にするカギであり、それによって最高のトレード判断を下すことができるようになる。また、要求や課題に対処するときにも強い助けになる。強い生理状態はレジリエンス（回復力）も早い生理状態につながるのである。

自分の生理状態を効果的に管理し、向上させるために必要なスキルが二つある。

①生理的状態を観察する
②生理的状態の管理

①生理的状態を観察する

昔から、沸騰した湯のなかにカエルを入れたらすぐに飛び出すと言われている。これは、市場の大きな動きのような急激かつ短期的なストレスである。

しかし、もしカエルを冷たい水に入れ、ゆっくりと過熱していったら、そのままゆでられてしまうかもしれない。これは、連敗が続くようなストレスがゆっくりと少しずつたまっていった末に陥る慢性ストレスと似ている。

私は、トレードでストレスを抱えたり困難に直面したりしている多くのトレーダーのコーチングをしてきた。そして、そのなかの多くのケースで注目すべき共通点を見つけた。彼らは長い間、苦しみや困難に耐え、最悪の状態に至ってから助けを求めるのだ。

多くのトレーダーがかなり不快な状況に陥ってから、助けを探し始める。しかし、ストレスや疲労を耐えきれなくなる直前まで我慢してしまうと、残念な結果につながる。その時点で、カエルと同じように、彼らはもうほとんどゆで上がっているのである。

これらのケースの多くは、落ち込む前に利益や心理や生理の低下が明らかになる。つまり、落ち込んでから回復するにはかなりの時間と努力が必要になる。そして、これは心理的にも生理的にも能力が下がっているところから回復を始めなければならないことを意味している。

つまり、このような変化に早めに気づくことと、もちろんその警告サインに効果的に対処するスキルを持つことは、トレーダーにとって大変役に立つ。

トレーダーは、自分の生理的な状態について長期的にも短期的にも知っておき、自分ができる最高のトレードをするために、短期的にも長期的にも自分の状態を管理しておくためのツールを持っておく必要がある。

②生理的状態の管理

自分の生理機能を知るには、体のなかで起こっていることを知っておかなければならない。自分がどれくらいのストレスを抱えているのかとか、どれくらい疲労しているのか。このようなことを知る方法の一つが主観的な精査である。例えば、どれくらいよく眠れたか、自分で認識しているストレスレベルやエネルギーレベル、気分やモチベーションを一〇段階で評価してみてほしい。

マーケットメーカーのデビッドとは、私が彼の勤める銀行のトレードデスクでコーチングを行ったときに出会った。彼は非常に成功しており、非常に一貫性があり、デスクのみんなから高く評価されていた。彼がコーチングを受ける分野として選んだのは、トレードの特定の出来事に対する感情的反応だった。そこで、彼には朝起きてから寝るまでの行動を一時間ごとに記録してもらうことにした。

- エネルギーレベル　一～一〇
- ストレスレベル　一～一〇
- そのとき最も大きい感情

　こうしてストレスレベルやエネルギーレベルや感情を追跡していくと、彼はその瞬間の三つの状態についてよく分かるようになっていった。自分の一日の生理状態や出来事に対する反応がどのように変化していくかに気づくことができるようになったのだ。また、その日の出来事を振り返り、それを自分の内面の経験に照らして見ることもできるようになった。

　彼が得た興味深い洞察の一つは、彼がストレス・エネルギー・スプレッドと呼んでいる関係性で、ストレスが高まるとエネルギーが下がり、スプレッドが広がり、反応度が高まるというものだ。スプレッドを観察すると、彼にとって有用な認識を得ることができた。そのうえで、私たちはこの「データ」と洞察を使っていくつかの戦術的な自己管理テクニックを生み出し、これが大いに役に立った。

　このような主観的な自己観察戦略は非常に効果的である。加えて、生理的な測定や評価が可能な技術ができたおかげで、トレーダーの生理やストレスや疲労レベルについて客観的な洞察を得ることも今では可能になっている。

生理機能に関する客観的なフィードバック

　近年、私はトレーダーの生理的な状態を観察し、管理する手助けにより多くの時間を割くようになっている。そのときの主なツールが、ストレスや睡眠や回復や身体活動や健康について客観的な洞察を与えてくれる技術である。

私の経験から言えば、トレーダーの多くはデータが好きだ。チャートやグラフも大好きで、できれば主観的ではなく客観的なほうを選ぶ。

私がコーチングを行ったトレーダーの多くは、ストレスや疲労が少ないほうがうまくトレードできることを分かっている。ストレスを統制し、しっかりと眠り、しっかり食べ、しっかりと体を動かすことはどれもうまくトレードするためのカギとなる。しかし、だれもが知っていることとやっていることにはギャップがある。そのため、客観的なデータに基づいた評価と観察のほうが、トレーダーの生理がトレードに及ぼす影響により深く関与できるし、それによって生理状態を改善するために必要な行動をより順守することにつながる。

私がコーチングを行うときは、心拍変動（ＨＲＶ）や心拍数（ＨＲ）といった生理学的指標を用いている。これらの数値は、自律神経系や交感神経系（ストレス）や副交感神経系（回復）の機能について興味深い洞察を与えてくれる。

心臓の動きには、拍動と拍動の間に間隔がある。この間隔が変わる周期を心拍変動という（**図表22－1**参照）。心拍変動は人によってかなり違い、遺伝（約三〇％）や年齢や健康状態や肉体的な強さなどに影響を受ける。

通常、心拍変動が高い（つまり、拍動間の時間が大きく変動している）と、体が強く、健康で、生理的に強い状態にある。一方、心拍変動が低い（つまり、拍動間の時間があまり変動し

図表22－1　心拍変動とRR間隔

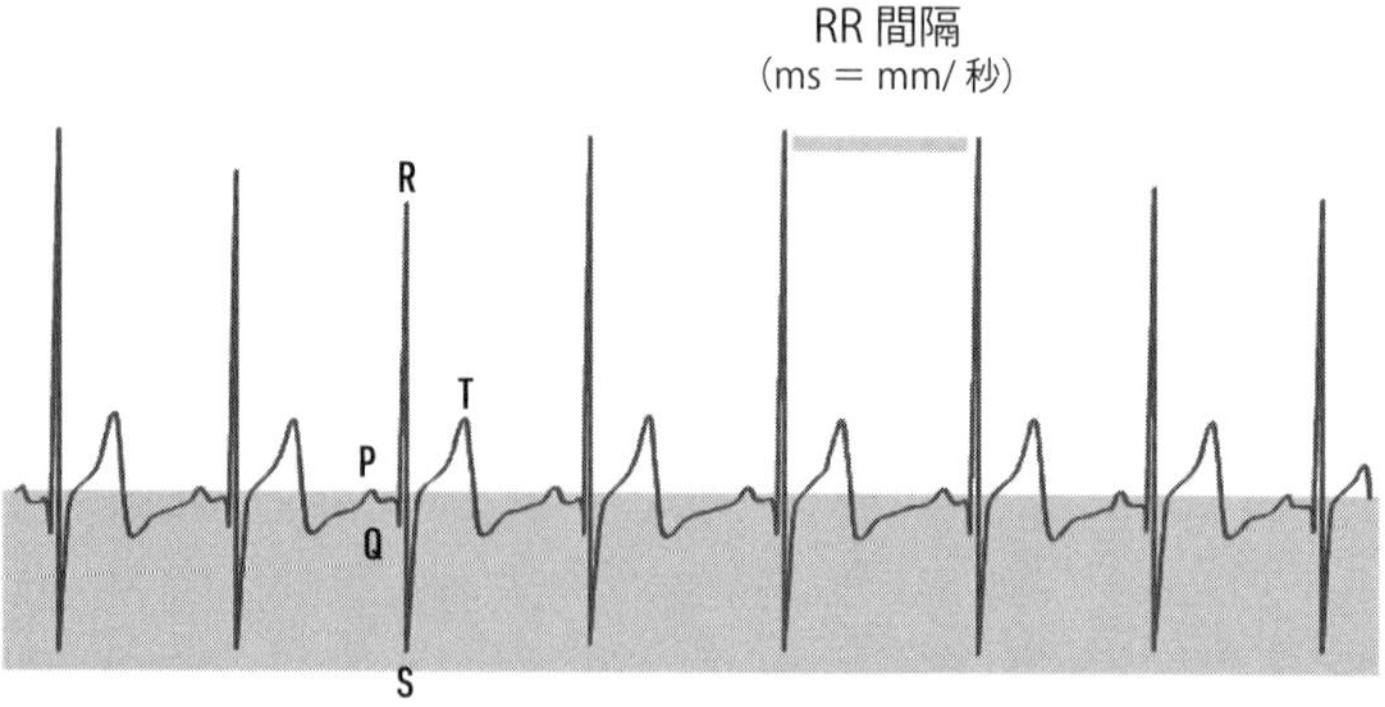

出所＝Firstbeat

ていない）と、あまり健康ではなく、体も強くないということで、生理的に弱い状態にある。

トレーダーに、エリート選手やスポーツチームが使っているようなハイテクのモニターをトレード日に連日装着してもらい、心拍変動の値を見てもらうと、トレーダーの市場での生理状態を客観的に観察できる（逆も可能）。

このような観察によって、私はトレーダーの生活習慣（睡眠、回復、身体活動、アルコール摂取など）を変えることと、メンタルトレーニング（マインドフルネス、瞑想、呼吸法、リラクゼーション療法など）を行うことが心拍変動の値にどれほど影響を及ぼすかを試すことができた。

だれに資金を託すか

図表22－2と図表22－3は、二人のトレーダーの

二四時間の生理学的プロファイルを示している。

棒グラフの濃いグレーは、ストレス反応（プラスまたはマイナス）、中くらいのグレーは回復、薄いグレーは身体活動や移動を示している。棒グラフは、高いほどストレス反応が高いことを示している。

考慮すべき点をいくつか挙げておく。

- ●日中のストレス反応の長さについて何が分かるのか。
- ●睡眠中の回復の長さについて何が分かるのか。
- ●ストレス反応の長さと回復の長さについて何が分かるのか。
- ●日中の回復の長さについて何が分かるのか。
- ●仕事時間とその間の回復の長さについて何が分かるのか。
- ●睡眠時間と回復の質について何が分かるのか。

データの詳細は省くが、これらのチャートはトレーダーの生理状態（濃いグレーがストレス、中くらいのグレーが回復、薄いグレーが身体活動）を表しており、これを観察することでおそらく興味深い洞察を得ることができたのではないだろうか。

図表22－2　トレーダーA

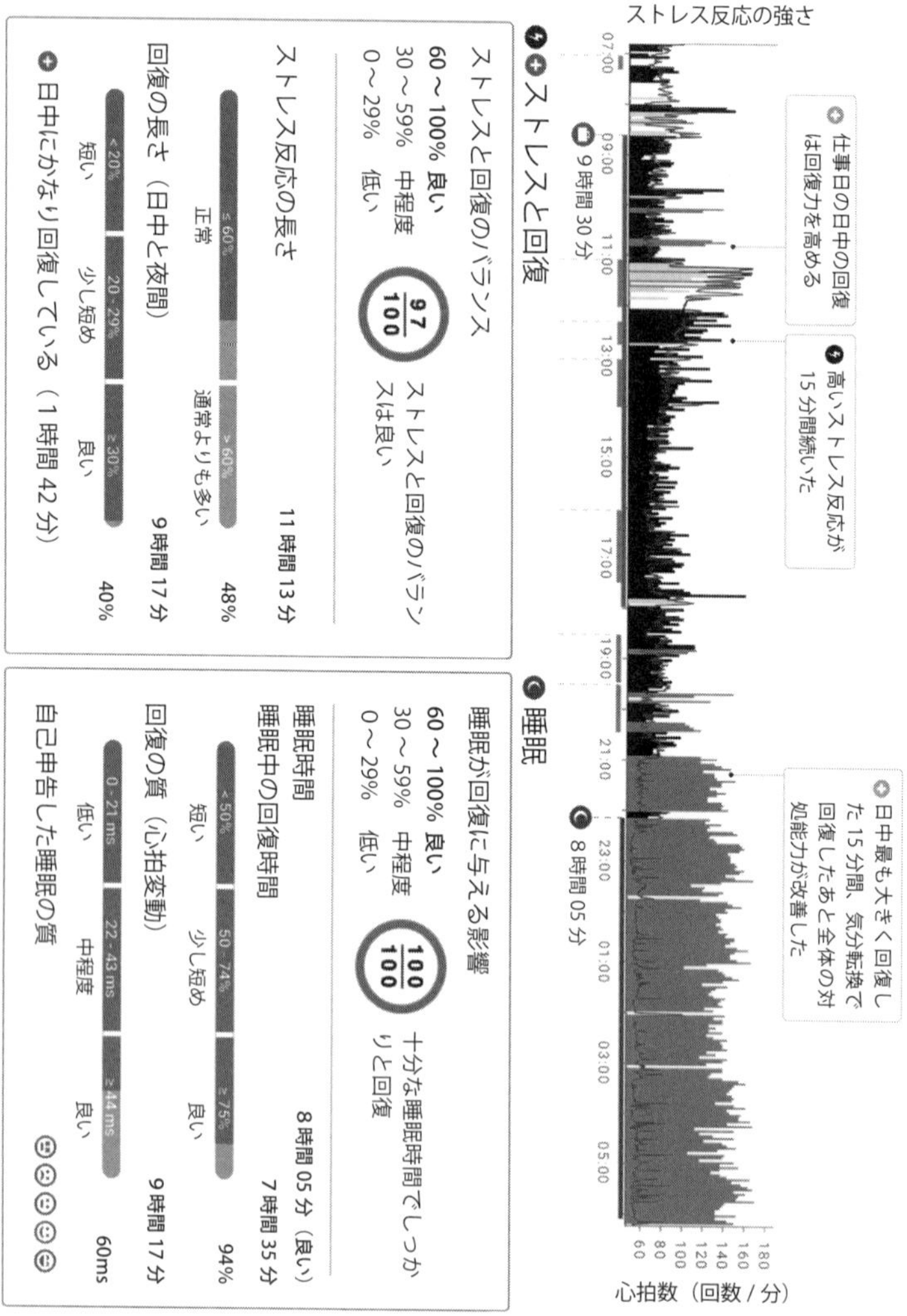
ストレス反応の強さ
仕事日の日中の回復は回復力を高める
高いストレス反応が15分間続いた
日中最も大きく回復した15分間、気分転換で回復したあと全体の対処能力が改善した
07:00
09:00
11:00
13:00
15:00
17:00
19:00
21:00
23:00
01:00
03:00
05:00
9時間30分
8時間05分
60
80
100
120
140
160
180
心拍数（回数／分）
ストレスと回復
ストレスと回復のバランス
60～100%　良い
30～59%　中程度
0～29%　低い
97/100
ストレスと回復のバランスは良い
ストレス反応の長さ
11時間13分
≤60%
正常
>60%
通常よりも多い
48%
回復の長さ（日中と夜間）
9時間17分
<20%
短い
20-29%
少し短め
≥30%
良い
40%
日中にかなり回復している（1時間42分）
睡眠
睡眠が回復に与える影響
60～100%　良い
30～59%　中程度
0～29%　低い
100/100
十分な睡眠時間でしっかりと回復
睡眠時間
8時間05分（良い）
睡眠中の回復時間
7時間35分
<50%
短い
50-74%
少し短め
≥75%
良い
94%
回復の質（心拍変動）
60ms
0-21 ms
低い
22-43 ms
中程度
≥44 ms
良い
自己申告した睡眠の質

図表22－3　トレーダーB

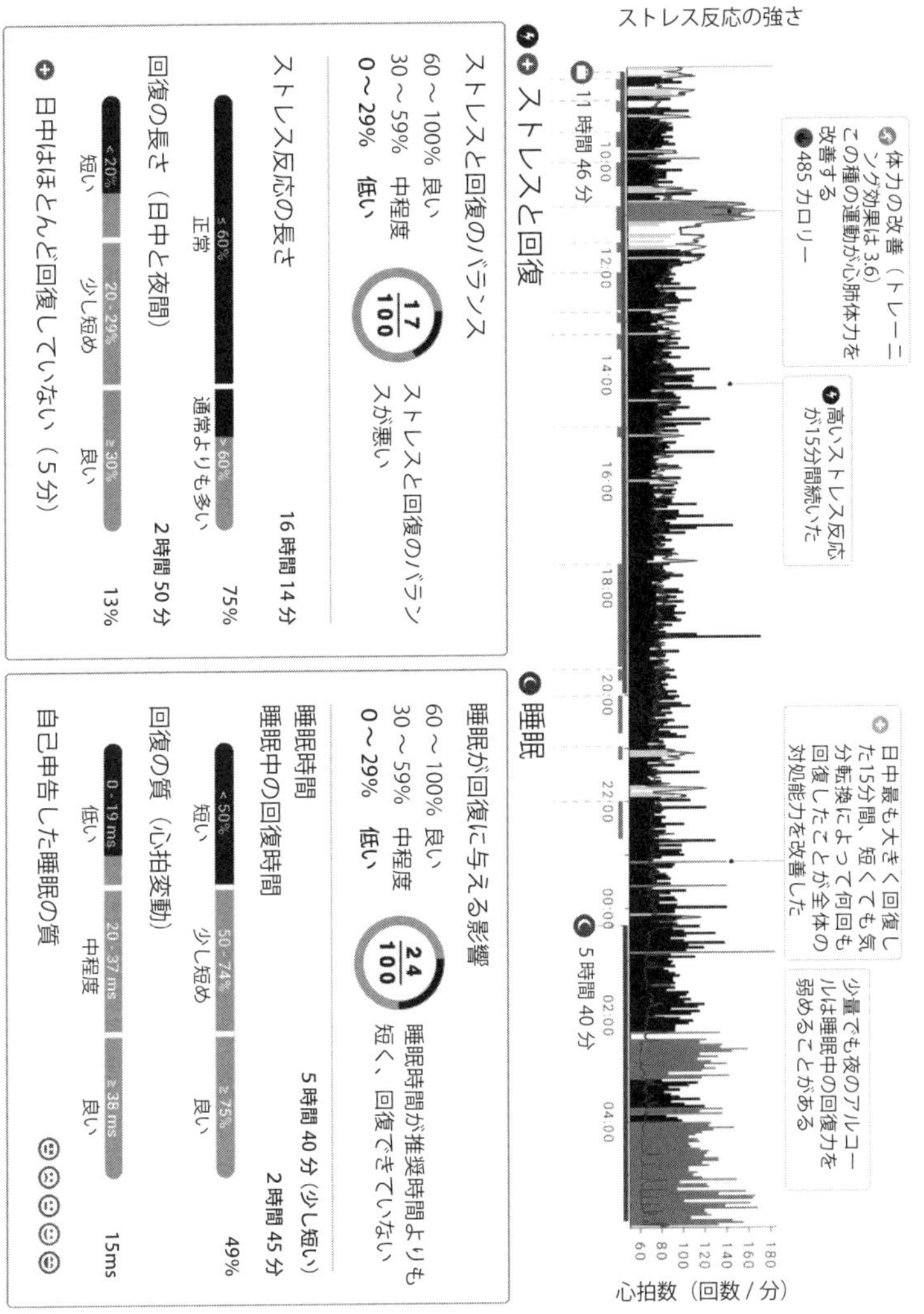
ストレス反応の強さ
体力の改善（トレーニング効果は3.6）この種の運動が心肺体力を改善する
485カロリー
高いストレス反応が15分間続いた
日中最も大きく回復した15分間。短くても気分転換によって何回も回復したことが全体の対処能力を改善した
少量でも夜のアルコールは睡眠中の回復力を弱めることがある
11時間46分
5時間40分
10:00
12:00
14:00
16:00
18:00
20:00
22:00
00:00
02:00
04:00
60
80
100
120
140
160
180
心拍数（回数/分）
ストレスと回復
ストレスと回復のバランス
60～100%　良い
30～59%　中程度
0～29%　低い
17/100
ストレスと回復のバランスが悪い
ストレス反応の長さ
16時間14分
≤60%
正常
>60%
通常よりも多い
75%
回復の長さ（日中と夜間）
2時間50分
<20%
短い
20-29%
少し短め
≥30%
良い
13%
日中はほとんど回復していない（5分）
睡眠
睡眠が回復に与える影響
60～100%　良い
30～59%　中程度
0～29%　低い
24/100
睡眠時間が推奨時間よりも短く、回復できていない
睡眠時間
5時間40分（少し短い）
睡眠中の回復時間
2時間45分
<50%
短い
50-74%
少し短め
≥75%
良い
49%
回復の質（心拍変動）
0-19 ms
低い
20-37 ms
中程度
≥38 ms
良い
15ms
自己申告した睡眠の質

トレーダーBについては、いくつか注目すべき点がある。

●二四時間のなかの七五％はストレスにさらされており、一三％しか回復していない（推奨値は三〇％）。どちらも平常値から外れている。
●仕事時間は一一時間四六分で、その間には回復していない。
●睡眠時間は五時間四〇分で、回復時間は短く、回復の質も低い。
●身体活動に三四分使っており、これは健康を促進する。

以下はトレーダーAのデータ。

●二四時間のなかの四八％はストレスにさらされているが、四〇％は回復している。
●仕事時間は九時間半で、その間に三〇分間回復している。
●睡眠時間は八時間〇五分で、回復時間も回復の質も良い。
●身体活動に二七分使っており、これは健康を促進する。

この二四時間のデータが、二人の標準的な時間の使い方だとする（長期のサンプルを見ても実際そうなっている）。これらはストレスと疲労にどのような影響を与えるだろうか。生理的にどれくらい機能できるだろうか。トレーダーの気持ちや思考にどのような影響を及ぼすだろうか。彼らのリスクのとり方や判断やパフォーマンスにどのような影響を及ぼすだろうか。もし自分の資金をAとBのどちらかに運用してもらいたいと思ったら（スキルや知識や戦略のリターンはほぼ同じとして）、どちらに託したいだろうか。

状態の管理

生理状態を管理することのメリットは、状態を知り、自己管理を可能にすることにある。これが、持てる力を生かした最高のトレードをするために、自分の生理状態を最適化し、コントロールするための予防と今の瞬間を管理するための戦略につながる。

定期的に自分の生理状態を観察することで、トレードが生理状態に与える影響（その逆も）について洞察を得ることができる。

心拍変動に影響を及ぼす要素はいくつかあり、それらはトレードのルーティンや必要事に使う戦術によってコントロールすることができる。要素の一部を挙げておこう。

- 身体的な健康と幸福度
- 睡眠

- 回復
- 体力
- 栄養
- 呼吸法
- 瞑想
- 生体自己制御

自分の生理的状態を観察する主な方法をいくつか紹介しよう。

主観的な観察

観察する生理的要素を決め、毎日、状態を記録する。必要ならば一日を通して観察する。
私は次のような要素を記録してもらうことが多い。

- ストレスレベル
- エネルギーレベル
- 睡眠

●気分
●感情状態

これらを五段階か一〇段階で評価して、日誌かスプレッドシートに記録する。

客観的な観察

●ウェアラブル端末　ストレスレベル、睡眠の質と量、身体活動量、体力などの生理状態のデータを収集するためのウェアラブル端末は、供給量も質も大幅に改善している。ただ、端末によって信頼性は変わってくる。とはいえ、不正確なものは安定的に不正確なので、パターンを見つけることはできる。これらは、比較的手ごろな価格で毎日毎時間データを収集できる良い方法だと思う。

●心拍変動モニター　日々の心拍変動をモニターするさまざまなアプリがある（二四時間モニターできるものもある）。それに、主な生理的変数に関する主観的な情報も付け加えるとよい。これは、自分の生理状態のトレンドを追跡して、ライフスタイルや仕事のどの要素が心拍変動の値や生理状態に影響しているかについて洞察を得るためのすぐできる簡単な方法と言える。正確な数値を得るためには、適切なアプリが付いている高品質の心拍計に投資する必要がある。

●生理状態をより詳しく正確に評価できる高価な三日間のパフォーマンス・ライフスタイル・アセスメント　これを使うと、ストレスの質や量、睡眠の質や量、身体活動のレベルや最大酸素摂取量なども分かる。測定するには、電極を使ったモニターを七二時間装着し、終わると詳細な報告書とフィードバックが提供される。本書で紹介したトレーダーの生理状態のデータは、この種の評価で得たものである。

次の第23章と第24章では、ハイパフォーマンスにつながるライフスタイルを身に付け、生理機能の健康水準を高めるため、生理状態を鍛え、管理するための戦略を紹介していく。

第23章

回復する力を習得する

MASTER THE ART OF RECOVERY

適応する強さと超回復

ジムに行って強化トレーニングをすると、特定の筋肉にストレスを与えることになる。これによって、短期的には筋組織が壊れる。しかし、トレーニング後に適切な期間、質の高い回復をすると、筋肉は修復されるだけでなく、将来のストレスに備えて筋組織が強化される超回復が起こる。

ストレス＋回復する力＝成長

同じことは、神経系や生理過程にも言える。もしある系統をストレスにさらしたあと十分に

図表23－1

1日目	14時間	HRV53
2日目	14時間	HRV45
3日目	14時間	HRV26

回復させれば適応強度が増し、生理機能が強化されてレジリエンス（回復力）も上がるのである。

慢性ストレスとリスク回避とトレードの持続的なパフォーマンス

これまで見てきたとおり、ストレスは代謝とエネルギーを必要とする。ストレスレベルが高いほど、より多くのエネルギーが燃焼される。だからこそ、張り詰めて精神的なストレスが高かった日は、体も疲れを感じるのである。

図表23－1は、三日間、長時間緊張を強いられたトレーダーの朝の心拍変動（ＮＲＶ）を示している。一日目の値は平常値に近いが、三日目には約半分になっている。心拍変動が下がるのは、神経系に負担がかかったことによる強いストレスや疲労を示している。彼の生理状態は、長時間のトレードと緊張状態で精神的な負担が増えたことに大きく影響されていたのである。

重要なのは、消費するエネルギーと補充される資源のバランスと言える。エネルギー補給の最も重要な要素は、回復と休息と再補給なのである。

自分の最高の状態でトレードし、慢性ストレスという落とし穴を避けるためには、ストレスと回復のバランスに気を配る必要がある。

ストレスと回復のバランスを正しくとる

筋トレをしすぎたり、頻繁に行いすぎたり、激しく行いすぎたりしたあとに、筋肉に与えたストレスに見合った回復ができないと、オーバートレーニングの状態になる。これはいずれ筋肉を傷つけ、ケガのリスクも高まる。

しかし、トレーニングをしないですべての時間を「回復」に費やせば、筋肉は強くならないし、トレーニングの負荷にも慣れない。

ストレスと回復のバランスを正しくとるために、アスリートはトレーニングを最適化することが欠かせない。回復については科学的な研究が多く行われている。そして、このことはトレーダーについても言える。

ストレス＋十分な回復＝成長
ストレス＋不十分な回復＝破壊
ストレスがない＋回復＝成長しない

図表23－2は、二人のトレーダーの三日間の生理的プロファイルを示している。資源ライン

（トレンドライン）は、エネルギーの体への流出入を示している。ストレスが減ると、回復が進んでいく。

トレーダーAはストレスと回復のバランスがプラスになっている。グラフからは、三日間で彼のリソースが回復しただけでなく増加していることが分かる。

一方、トレーダーBはストレスと回復のバランスがマイナスになっている。彼の資源は三日間で大きく減っている。

ストレスと回復のバランスがとれていると、トレーダーは自分の生理状態を最適化し、判断力を改善できる。また、ストレス適応反応の恩恵が受けられるだけでなく、慢性ストレスを避け、長期的にパフォーマンスを維持することができる。

フィニッシュ・オリンピック・インスティチュートが設立したファーストビート（https://www.firstbeat.com/fi/）は、フィンランドでエリートのアスリートやチームに生理的データや分析やヘルスケアを提供している企業であり、ウェアラブル端末のメーカーでもある。このファーストビートの調査によると、「普通の条件下の普通の人」にとって日々の「正しい」回復量は三〇％だという。

もし一日に七～八時間の質の良い睡眠をとっていれば、この目的はだいたい達成できる。しかし、顧客のトレーダーのほとんどは、睡眠の長さも質もやっと三〇％を達成するほどで良くない。彼らの多くが、常に回復不足の状態にあるということだ。

図表23-2

■ 身体リソース

トレーダーA

スタート
レベル

7日（木）　8日（金）　9日（土）

00 11:00 15:00 19:00 23:00 03:00 07:00 11:00 15:00 19:00 23:00 03:00 07:00 11:00 15:00 19:00 23:00 03:00 07:

↗ 資源が上昇　↘ 資源が低下　＋ 大きく回復　● ストレス　● 回復　● 活発か中程度の運動　● 軽い運動

スタートレ
ベルよりも
資源が増加

トレーダーB

スタート
レベル

11日（月）　12日（火）　13日（水）

00 15:00 19:00 23:00 03:00 07:00 11:00 15:00 19:00 23:00 03:00 07:00 11:00 15:00 19:00 23:00 03:00 07:0

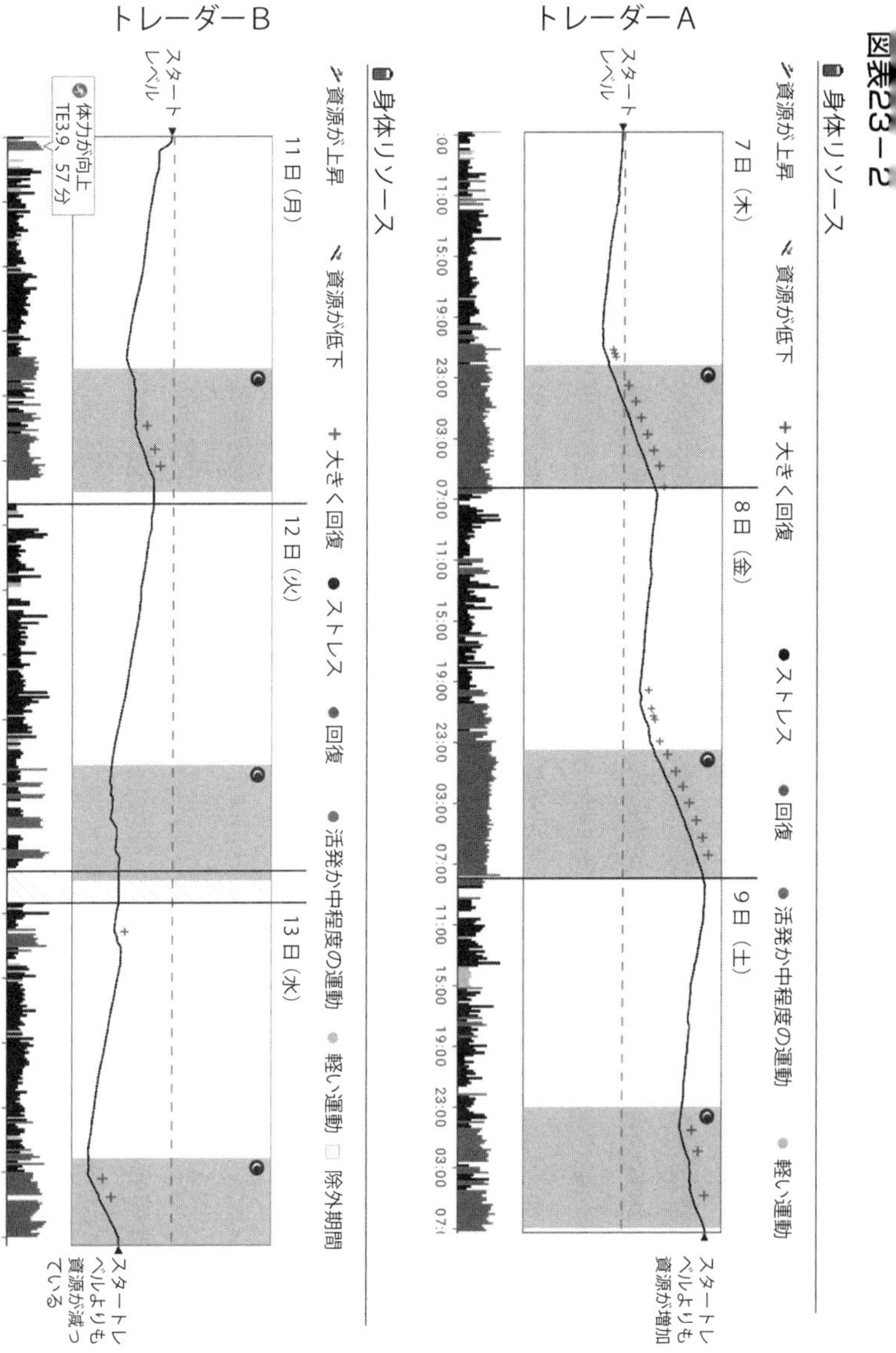

■ 身体リソース

↗ 資源が上昇　↘ 資源が低下　＋ 大きく回復　● ストレス　● 回復　● 活発か中程度の運動　● 軽い運動　□ 除外期間

● 体力が向上
TE3.9、57分

スタートレ
ベルよりも
資源が減っ
ている

回復とは何か

私がコーチングを行っていたあるトレーダーは、積極的に集中したトレードをしたあと、休暇をとって回復し、再充電してから市場に戻ることにした。この時期、私は彼のトレード会社である調査を行っていた。彼を含む何人かのトレーダーの生理データを毎日集めて、トレードが生理に与える影響と、生理がトレードに与える影響を調べていた。

このトレーダーの日々の心拍変動は、ストレスと疲労が大きくなる厳しいトレードが集中したあとは予想どおり下がっていた。そこで、彼は回復するために、休みをとって友人と短いスキー旅行に行った。戻った彼の四日間のデータは非常に興味深かった。スキーとそのあとの活動のあとも彼の心拍変動はさらに下がり続けていたのだ。

彼は回復していなかった。実際、彼の生理状態はさらに下がっていた。

彼は毎日数時間の運動（スキー）をしたあと、いつもよりも多めのアルコールを飲み、夜更かしもしていた。よくあることだ。この「休み」は楽しくて、休めたように感じても、回復はしていなかった。気分がすっきりし、大いに気分転換になり、楽しく、必要だった状況を変えることもできていたが、それが回復にはつながっていなかったのである。

回復は、体の神経系が副交感神経モードに切り替わったときに起こる。副交感神経は、よく「休息と消化」のためと言われるが、要するにブレーキをかけてスピードを落とすことである。

図表23－3　活動の減少

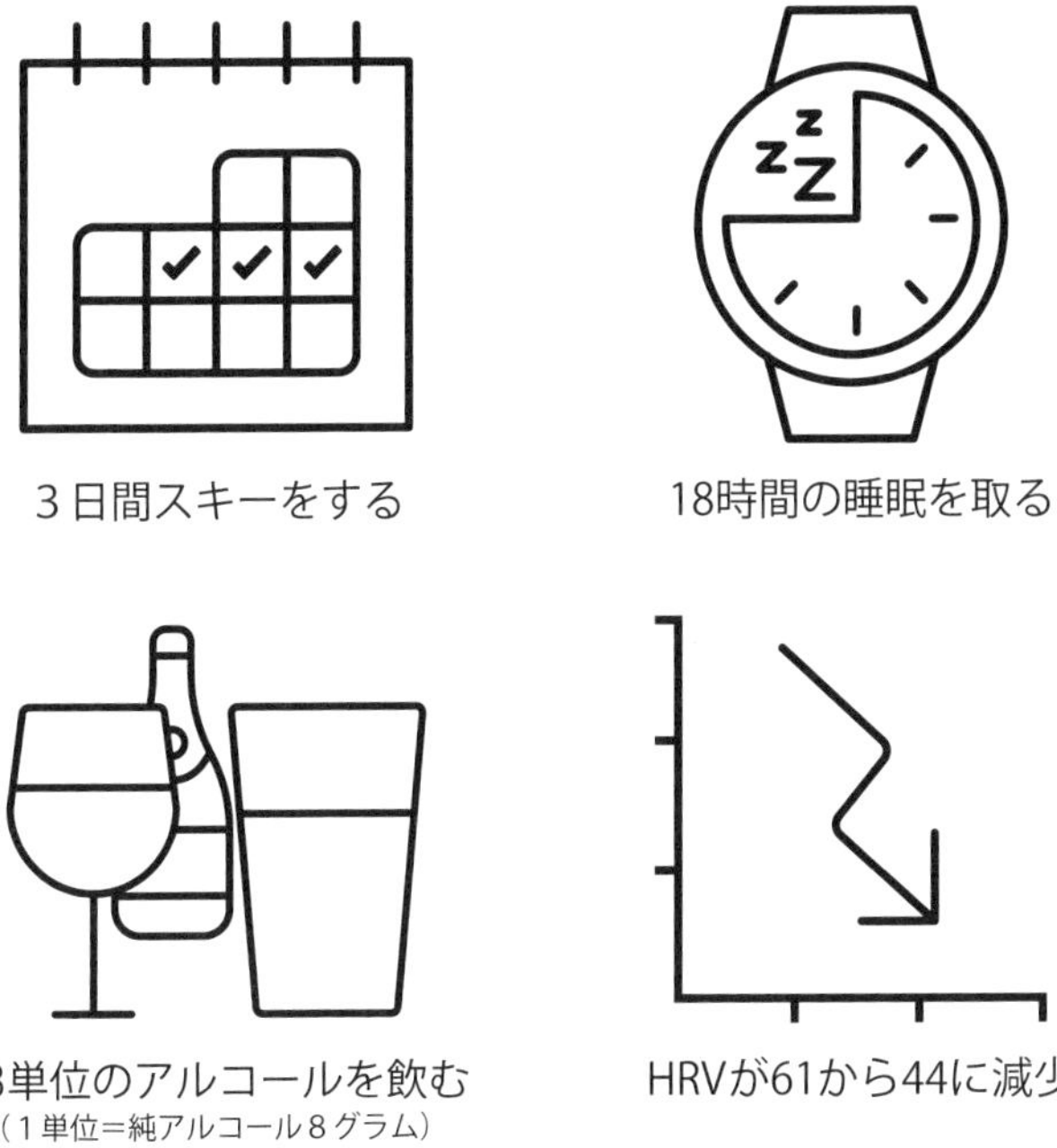

生理的に言えば、次のようなことが起こる。

●心拍が遅くなる
●呼吸がゆっくりかつ深くなる
●筋肉が緩む
●血流が消化管に戻る

これは、ストレス反応と逆の防御手段であり、戦うのではなく逃げるということである。

活性化してスイッチをオンにするのと逆のことでもある。

ストレスと回復を測定する

昔から私たちは回復を主観的に測定してきた。

- どれくらい回復したと感じているか
- どれくらい寝たか
- どれくらい質の良い眠りができたか
- その日のなかで、どれくらい緊張を解いてリラックスできたか

しかし、技術が進歩したおかげで、心拍計やアプリを使って心拍変動などのストレスや疲労のレベルを反映する生理データを収集できるようになった。

私はこれまでトレーダーの顧客を対象に、たくさんの生理的評価やプロジェクトを行ってきた。このような評価は、トレーダーに彼らがさらされているストレスレベルや、睡眠や回復や身体活動の質と量に関する客観的なデータを示すことができる。

そして、このデータを検証することで、ストレスと回復のバランスやストレス管理や睡眠や回復や身体活動を最適化して、高パフォーマンスを達成できる生理状態になる方法について洞察を得ることができる。

図表23－4　あるヘッジファンドトレーダーの生理状態に関する洞察

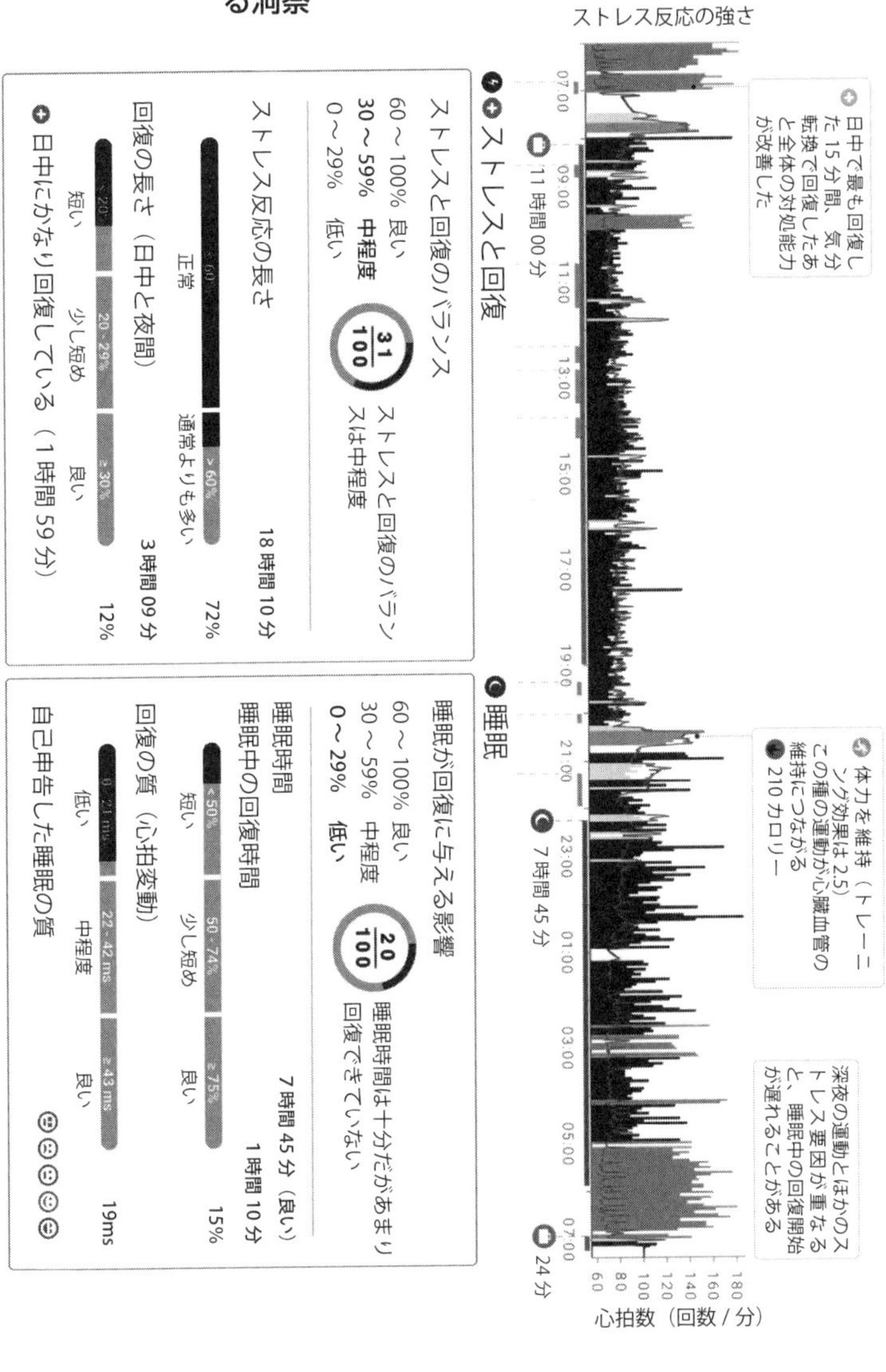
ストレス反応の強さ
ストレスと回復
11 時間 00 分
ストレスと回復のバランス
60～100%　良い
30～59%　中程度
0～29%　低い
31/100
ストレスと回復のバランスは中程度
ストレス反応の長さ
18 時間 10 分
正常
通常よりも多い
72%
回復の長さ（日中と夜間）
3 時間 09 分
短い
少し短め
良い
12%
日中にかなり回復している（1 時間 59 分）
睡眠
7 時間 45 分
睡眠が回復に与える影響
60～100%　良い
30～59%　中程度
0～29%　低い
20/100
睡眠時間は十分だがあまり回復できていない
睡眠時間
7 時間 45 分（良い）
睡眠中の回復時間
1 時間 10 分
短い
少し短め
良い
15%
回復の質（心拍変動）
19ms
低い
中程度
良い
自己申告した睡眠の質
日中で最も回復した 15 分間、気分転換で回復したあと全体の対処能力が改善した
体力を維持（トレーニング効果は 2.5）この種の運動が心臓血管の維持につながる
210 カロリー
深夜の運動とほかのストレス要因が重なると、睡眠中の回復開始が遅れることがある
24 分
心拍数（回数 / 分）

あるトレーダーに関する詳細なデータを見てみよう。

スイッチをオフからオンへ――回復戦略

パフォーマンスに関して言えば、非常に単純なことだが、スイッチをオフにしなければ、オンにすることはできない。それが、自分の最高の状態でトレードするための生理的リソースを確実に手に入れる唯一の方法なのである。

●今はどのようにしてスイッチをオフにしているのか。どのような回復戦略を用いているのか
●どのような睡眠をとっているのか
●トレード日のどこかで回復のための休憩をとっているのか
●睡眠以外に、ブレーキをかけ、ペースを落として回復するための具体的な戦略を用いているか

正しい回復の習慣を身に付けることは、生理状態とレジリエンスとトレードのパフォーマンスを最適化するための基本なのである。

睡眠

睡眠は回復のための大本であり、生物学的に疲労回復するための基本的な要素の一つである。睡眠の主な理由は体を休め、回復し、元の状態に戻ることにある。しかし、私がコーチングをした多くのトレーダーは、睡眠の長さも質も足りていなかっただけでなく、彼ら自身もそのことを知っていたし感じていた。

図表23－5は、二人のトレーダーの睡眠データを示している。二人の睡眠の量と質の違いに注目してほしい。

睡眠が重要なのは回復するためだけではない。判断やリスクのとり方やパフォーマンスにおいても重要なのである。ノースカロライナ州にあるデューク大学の調査では、二九人の若くて健康なボランティアがさまざまなギャンブルを行う様子を、十分な休息をとったときと徹夜したあとで観察した（https://corporate.dukehealth.org/news/sleep-deprived-people-make-risky-decisions-based-too-much-optimism）。すると、十分な休息がとれているときは、ギャンブル行動において慎重なパターンを示した。しかし、寝ていないとリスク認識が変化し、マイナスの結果（損失）には鈍感になり、プラスの結果（利益）を過度に重視するようになった。

あなたはどのような睡眠をとっているだろうか（**図表23－6**）。

良く眠るということに関して、考慮すべき基本的な睡眠衛生要因がいくつかある。

図表23－5

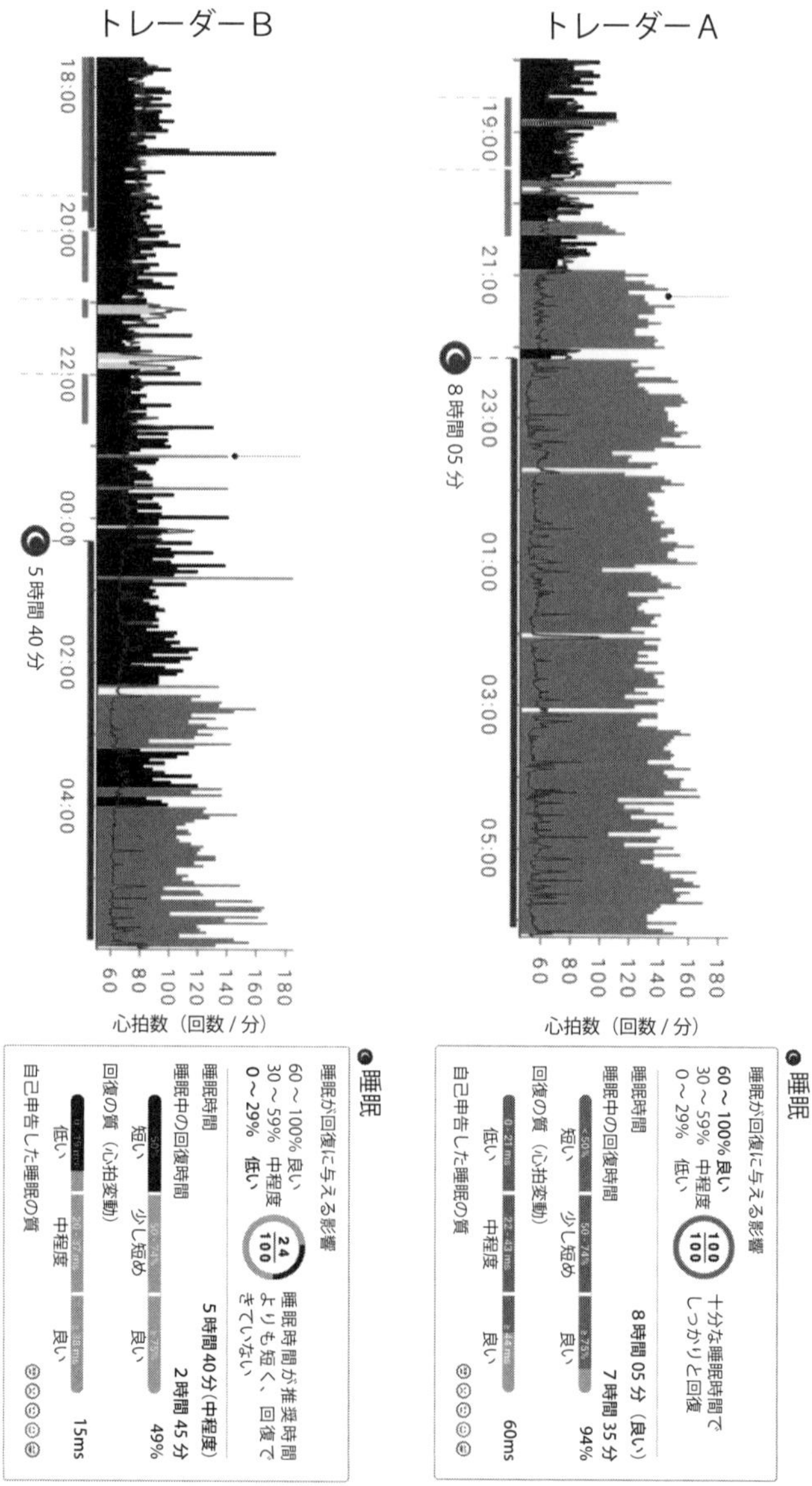
トレーダーA
8時間 05 分
心拍数（回数 / 分）
睡眠
睡眠が回復に与える影響
60～100% 良い
30～59% 中程度
0～29% 低い
100/100
十分な睡眠時間でしっかりと回復
睡眠時間 8時間 05 分（良い）
睡眠中の回復時間 7時間 35 分 94%
短い 少し短め 良い
回復の質（心拍変動） 60ms
低い 中程度 良い
自己申告した睡眠の質
トレーダーB
5時間 40 分
心拍数（回数 / 分）
睡眠
睡眠が回復に与える影響
60～100% 良い
30～59% 中程度
0～29% 低い
24/100
睡眠時間が推奨時間よりも短く、回復できていない
睡眠時間 5時間40分（中程度）
睡眠中の回復時間 2時間 45 分 49%
短い 少し短め 良い
回復の質（心拍変動） 15ms
低い 中程度 良い
自己申告した睡眠の質

図表23－6　睡眠満足度調査

		まれにしかない・一度もない（0）	ときどき（1）	たいてい・常に（2）
満足度	自分の睡眠に満足しているか			
覚醒度	日中、ウトウトすることなく起きていられるか			
タイミング	午前2～4時に寝ているか（あるいは寝ようとしているか）			
効率	夜中に起きている時間が30分未満か（睡眠に入るまでの時間や目覚めるまでの時間も含めて）			
長さ	1日6～8時間寝ているか			

出所＝米国立衛生研究所

寝室の環境

目的は、寝室の環境をよく眠ることができるように整えることだ。

そのために、次のようにしてみる。

- ●暗くする
- ●涼しくする
- ●静かにする
- ●機器を置かない

くつろぐ

目的は、体と脳の緊張を緩め、睡眠に備えるためにペースを落とすことだ。

そのために、次のようにしてみる。

- 寝る直前にきつい運動をしないようにする。
- くつろいでいるときに食べ過ぎないようにする。
- アルコールは睡眠の質を落とすため、避ける。
- カフェインの取りすぎに注意する。覚醒効果が半分になるのに六時間かかる。最後のコーヒーは正午までに飲む。
- 電子機器の使い方に注意する。深夜にタブレットや携帯電話を使うと睡眠の質が下がる。寝る前の三〇～六〇分は電子機器を使わないようにする。
- 瞑想、呼吸法、風呂、シャワーなどはくつろいで睡眠に備える助けになる。

ライフスタイルの要素

目的は、良い睡眠を促すライフスタイルを実践することだ。

そのために、次のようにしてみる。

●起床時間と就寝時間を一定にする。これが睡眠の質を確保する主な要素だということは確認されている。
●身体活動――肉体的な活動は睡眠の質を高める。

眠れないとき

目的は、眠れないときの状況を管理することだ。
次の方法で克服する。

●枕元に日誌を置き、目がさえる原因となっている思考や心配について書きとめる。
●マインドフルネスや呼吸法を練習する。
●布団に入ってから20分以上寝られないときは、一度布団から出て本を読んだり、何かリラックスできることをしたりして、疲れて眠くなったら布団に戻る。

戦術的回復

「心は休ませる必要がある。そして、良い休息を取ったあとは改善し、鋭くなる。肥沃な土地でも休ませなければ豊かな畑にはならない。いつも考えていると、精神は破壊される。しかし、心を開放してしばらく力を抜くと、再びその力を取り戻す。休みなく働いていると、理性はある種の鈍さと弱さに見舞われる」――セネカ

回復は主に睡眠からもたらされる。判断やパフォーマンスを最適化したいトレーダーは、できるだけ良い睡眠を取ることを目指すべきである。防弾仕様のトレーダーは、睡眠を主たる回復戦略とパフォーマンスを改善するカギとして、それらを優先する人たちなのである。ただ、回復をもたらすのは睡眠だけではない。それが戦術的回復である。私は顧客とのコーチングでこのことに多くの時間を割いている。

トレーダーの多くは、長時間デスクに座っている。特に市場が動いているときは、そうせざるを得ない。しかし、脳や体にとって高い集中力や認知力を長時間保つのは非常に難しいということを知っておくのは重要なことである。

トレーダーはパフォーマンスを最適化するために、BRAC（基本的休止から活動周期）として知られているサイクルに合わせて、集中してトレードする時間と回復の時間を交代でとることを考えてほしい。

休むときはモニターから離れ、立ったり、ストレッチしたり、動いたり、水分をとったり、必要に応じて食べたりすることを考えてほしい。また、くつろいだり呼吸法を取り入れたりし

た活動をするなどして、ブレーキをかける時間を作ることも助けになる。

「私たちは散歩すべきだ。そうすれば、外の空気と深呼吸が脳に栄養を与え、気分をすっきりさせてくれるかもしれない」——セネカ

優れた戦術的回復の戦略には次のことが含まれている。

- **積極的な回復**　散歩、ヨガ、ストレッチ
- **受け身の回復**　呼吸法、リラクセーション療法、瞑想、マッサージ、昼寝

第24章 生理的健康を増進する

DEVELOP YOUR PHYSIOLOGICAL FITNESS

肉体的な健康とストレスレジリエンス

初めてスカイダイビングをするときの気持ちを想像してほしい。どのような経験をすることになるのだろうか。

ほとんどの人にとって、初めてパラシュートを付けて飛行機から飛び出すときはかなりのストレスを感じ、それは軍隊で訓練を受けた人でも変わらない。飛行機から飛び降りて、パラシュートが開くまで待ち、地上に降り立つという行為は強い生理反応を引き起こす。つまり、大きなストレスがかかる。多くの人が、重度の不安と恐怖を感じるのだ。

しかし、それがすべてではない。二〇〇八年に、新人スカイダイバーのホルモン反応と認知反応を調べた研究では、ストレスと恐怖を著しく下げる要素が見つかった。それが体の健康である（Extreme Fear : The Science of Your Mind in Danger; Jeff Wise, Palgrave Macmillan, 2010）。

この研究ではストレスをコルチゾール（ストレスホルモン）の水準で計測した結果、体脂肪率が最も低い人たちのストレスが最も低かった。そのうえ、彼らはジャンプの直前に受けた認知テストでも成績が良かった。健康なスカイダイバーは生理的レジリエンス（回復力）と認知的レジリエンスが最も高かったのである。

ストレス反応のレジリエンスを高めるためには、運動と体の健康がカギとなるようである。

ストレス管理のための身体的活動

「私にとって、トレードのストレスを統制する最も重要なものは運動だ。かつては生活をトレードに振り回されて一日中画面を見ていたが、それをしても結果は出なかった。運動をルーティンに組み込む必要がある。ルーティンが崩れると、運動を再開するのは難しいからだ。運動をすると頭がすっきりするし、気持ちが晴れると最悪の日のムードを改善する助けになる」――投資銀行のトレーダー

私の顧客のトレーダーのなかには、ストレスレベルを管理するために体を動かしている人が

多くいる。

ストレス反応が起こると、体が活性化してアドレナリンやコルチゾールなどのホルモンを分泌する。これらは短期的には重要な役割を果たし、役に立つ。物理的な脅威や課題に直面したときは（戦うか逃げるという状況など）、この活力が使われて枯渇する。そして、脅威や課題が終わると、回復過程を経て活力が補充され、生理的な定常状態である恒常性を取り戻す。ただ、トレーダーは物理的に「戦うか逃げる」の状況に直面しているわけではない。彼らは画面の前に、たいていは長い時間座っているため、ストレス反応のエネルギーを体を動かすために使っていないのだ。

体を動かすと、たとえ歩くだけでも体内のエネルギーを使うことができる。つまり、ストレスホルモンを取り除き、体を修復できるのである。

そのうえ、激しい運動をするとエンドルフィンという前向きな気持ちや幸福感を促進するホルモンが分泌されて気分が変わる。

「私のストレスを統制するにはウエートマシンや乗馬といった運動が一番だ。また、馬小屋の馬糞を片づけたり、家畜のブラッシングをして汚れを落としたりすることは、何よりも私を抽象的な世界から連れ出してくれる。クローゼットやガレージを掃除するのも私にとってはセラピーのようなもので、ガーデニングも同じ効果がある。土を

図表24－1　活動に関する自己申告値と測定値

自己申告した運動

65%　運動を十分行って健康効果を得ていると感じている

測定された運動

■ 24%　運動を十分行って健康効果を得ている
■ 45%　中強度の運動を行っている
■ 31%　十分な運動を行っていない

掘って花を植えると幸せな気分になる」――ヘッジファンドのトレーダー

それでは、どれくらい体を動かす必要があるのだろうか。一週間に最低一五〇分の中強度の運動か七五分の激しい運動というのが世界的なコンセンサスになっている。

言い換えれば一日三〇分の中強度の運動を週五日行うということになる。

私が顧客のトレーダーに受けてもらった生理検査は、次のような結果だった。

- 六五%が健康効果が得られる十分な運動をしていると答えた。
- 客観的な生理的モニターによると、それができていたのはわずか二四%だった。

これは、全体の七六%のトレーダーが基本的な健康増進のための運動、つまりパフォーマンスを改善するための活動を十分行っていなかったことを意味している。

生理的レジリエンスを鍛える

生理的レジリエンスを鍛える方法は運動と身体的健康だけではない。

私は二〇〇七年六月～七月にロンドンのプロップトレーダーを対象とした調査を行い、コヒーレンスという生理的状態がトレードのパフォーマンスに与える影響を調べた（**図表24－2**）。コヒーレンスという生理的状態は、心拍変動（ＨＲＶ）のデータを使って追跡できる。私たちがストレスを抱えているときや、不安なときや、イライラしているときや、怒っているとき、心臓は神経系から矛盾するシグナルを受け取る。すると、心拍変動のグラフはギザギザで乱雑な感じになる。心臓がカオス的な電気信号を発するのだ。

心臓が発する電気信号の一つが、コヒーレンスで、これは心臓血管系が効率良く動いており、神経系とバランスしている状態を表している。コヒーレンスに達すると、心拍変動はスムーズで規則正しく見える。

コヒーレンスの状態にあると認知機能が改善し、記憶力や判断力や創造性や認識の明瞭さや行動力やパフォーマンスも改善する。それと同時に、過度なストレスやプレッシャーが減り、幸福度が上がっていく。

図表24－2　カオス的な心拍リズムとコヒーレンス

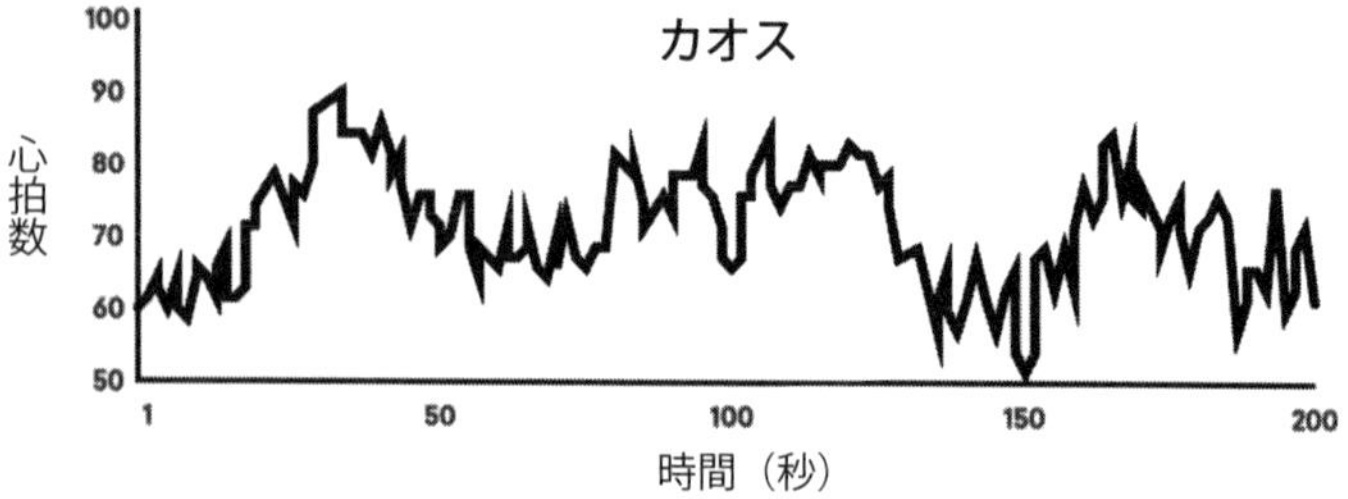

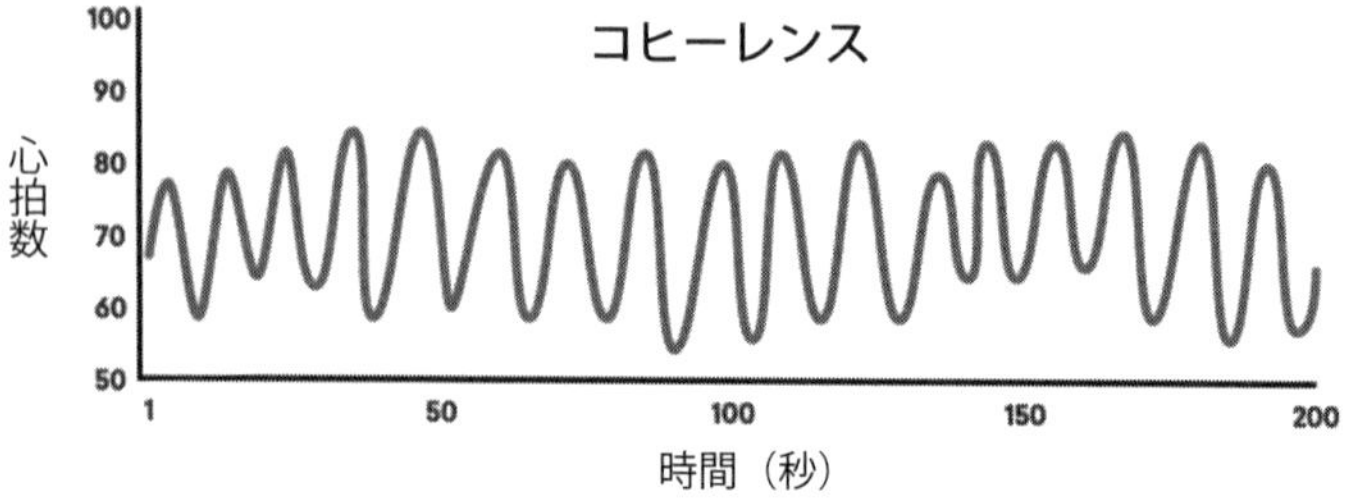

出所＝https://www.heartmath.org/

　このときの調査では、顧客のトレーダーが基準調査（心理測定と自己評価）を受けてから半日の行動訓練を受けた。彼らは自分の生理とそれがトレード判断やパフォーマンスにどのような影響を及ぼすかを学んだうえで、コヒーレンスの状態になるテクニックを習った。

　それから六週間、トレーダーたちはこのテクニックを毎日一〇分間、戦略的に練習し、あとは必要に応じて短い戦術的テクニックを使っていった。調査期間が終わったとき、彼らは再び基準調査を受け、私たちは開始時と終了後のデータを分析した。

図表24－3　トレーダーの生理的な訓練――訓練の前後の反応

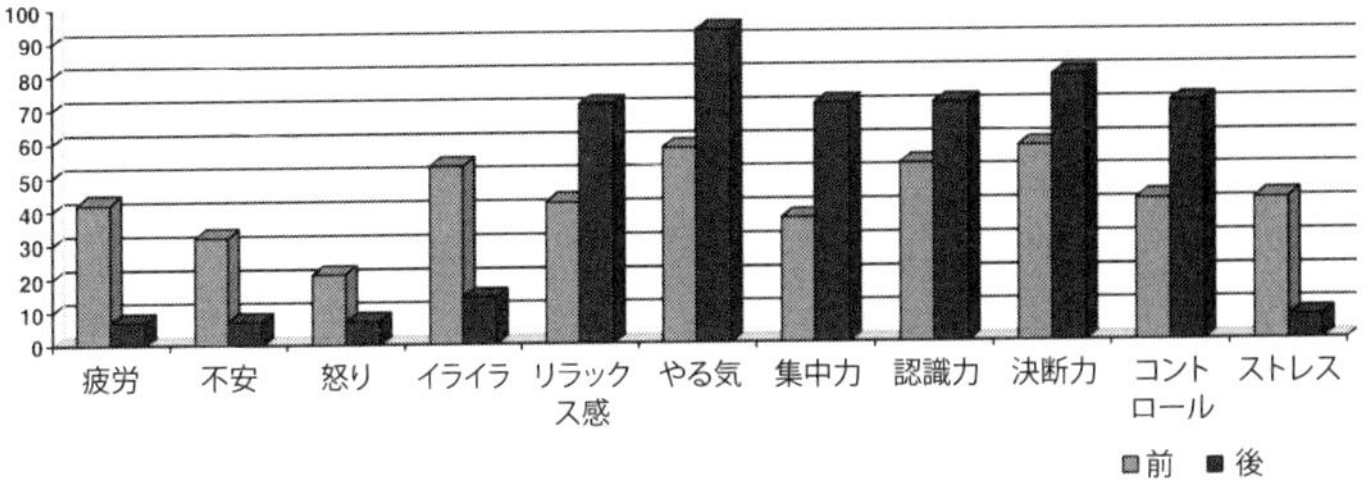

この心理的な訓練を受けたトレーダーたちは、ストレスや疲労や不安や怒りやイライラのレベルが下がり、リラックス感ややる気や集中のレベルが上がった。彼ら自身もよりコントロールでき、決定力が上がったと感じていた（**図表24－3**）。

さらには、トレーダーたちの睡眠にも大きな影響があり、訓練前は良い睡眠を取っていなかった人が四七％いたが、訓練後はわずか一四％に減った。

自分の心理状態を訓練すると二つのメリットがある。即座にプレッシャーやマイナス感情に対抗できるようになることと、長期的に体の自然なエネルギーの蓄えを再構築できることである。そして、そのことが幸福感や活力や自信の大幅な改善につながるだけでなく、健康やレジリエンスも上がり、そのすべてがパフォーマンスの助けになる。

心拍数に注目した呼吸法を紹介する。

【効果】

●コヒーレンスの状態にして、神経系をバランスさせ、前頭前皮質（判断、計画、戦略、長期的思考、自己制御、作業に集中することなどにかかわる脳の実行機能）を活性化する。
●ストレス反応を減らす。アドレナリンやコルチゾールを含むホルモンバランスを変える。
●マイナス感情の状態からより中立な状態に変わる。
●恒常性（体が生物的にバランスするところ）を促進する。

【やり方】

●注意を心臓の辺りに集中する。頭ではなく体に集中する。
●呼吸をいつもよりも少しゆっくりと深めにし、スムーズで持続的なリズムを心がける。五秒吸って、五秒吐く。
●横隔膜と腹を緩めて鼻呼吸をする。このほうがより効果があり、効率的でもある。

【いつ行うか】

●ストレスを感じたとき。五秒・五秒の呼吸を二～三回行う。

●短くてよいので一日のいつでも。「再充電」のつもりで一回六〇秒程度（五秒－五秒呼吸を六回）。

●重要な判断の前や市場の重要なイベントの前に、二～五分程度使ってコヒーレンスで高パフォーマンスの状態になる。

●回復するため。ストレスを感じたり、損失や間違いやそのほかの逆境に遭って極めて強い感情を持ったときは、生理状態をリバランスしてから解決策を考えたり行動したりするとよい。自分の状態が明らかに変わったと思えるまでコヒーレンス呼吸を実践する。

●毎日。体をコヒーレンスの状態にし、生理的健康を維持するための訓練として行う。まずは毎日五分間から始め、一〇分間できるようになることを目指す。

良いトレードをする

高パフォーマンスの核心を成すのは健康である。精神的・感情的・身体的に良い状態になければ、自分の最高の状態を発揮するのは難しい。古い格言にもあるように、「健全な精神は健全な肉体に宿る」のである。一九七〇代のジョギングブームでは、身体健康と幸福の関係に関心と注目が集まった。その範囲が、近年では人々の心の健康にも及んでいる。

当然ながら、心と体が独立した存在ではないことはみんな知っている。二つは深くかかわっており、どちらもあらゆるパフォーマンス（トレード、判断、判断結果に対する効率的な対処）において主要な役割を果たしている。

防弾仕様のトレーダーは、自分の幸福を最も優先している。

「自分のストレスを統制するカギとなるのはエネルギーの管理だと感じている。これは私にとってはとても大きなことだ。今の私は自分のエネルギー管理にとても気を配っている。できるかぎり管理しようとしているし、うまく管理できていないときは気をつけている。私はその状態に合わせてトレードしたり行動したりしている」――株式トレーダー

図表24－4

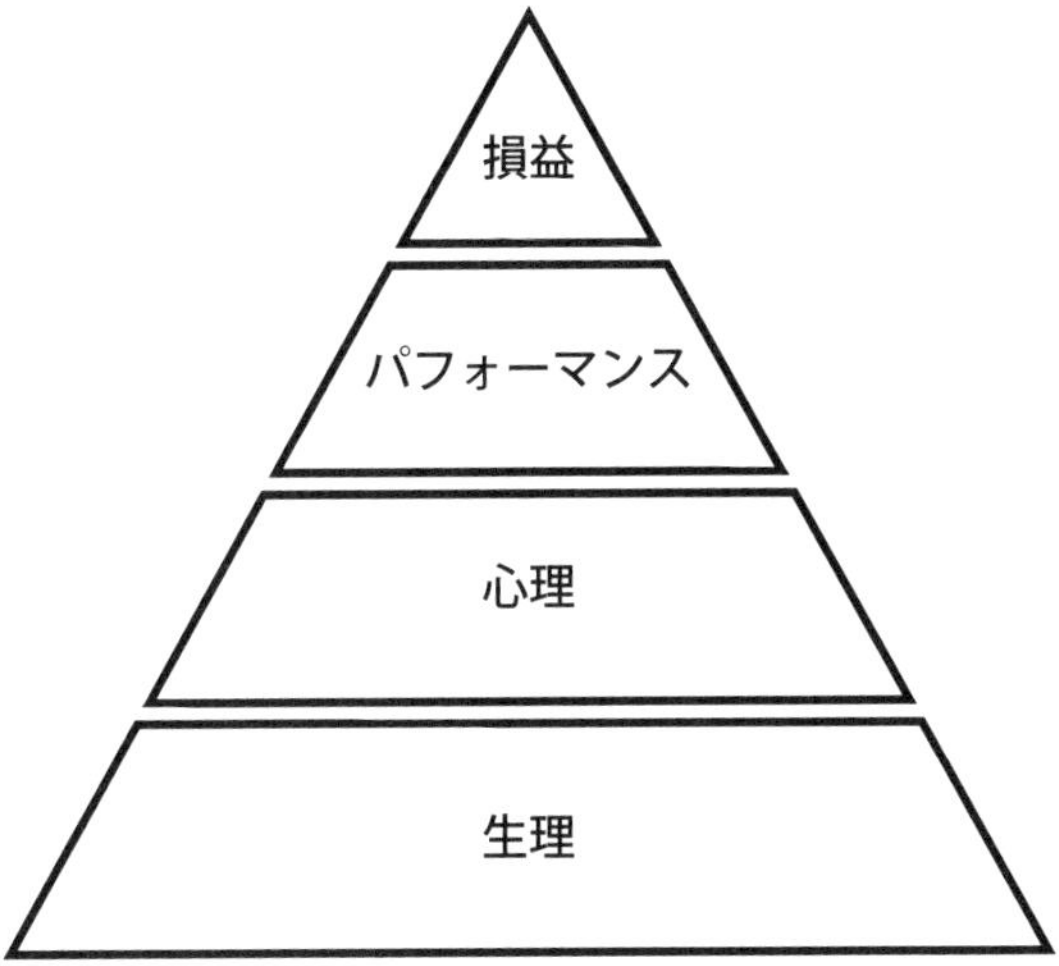

私はいつも顧客に自分の幸福の重要性を考えるよう勧めている。それこそがうまくトレードすることにつながるからだ。これは、良い状態でトレードすることであり、それがたいていは良いパフォーマンスにつながる。そして、長期的に見れば前者なくして後者はない。幸福は、トレードを構築するためのプラットホームと考えることもできる。

生理的プラットホーム

ある成功しているファンドマネジャーと話をしたとき、彼がトレードのストレスや課題に対処するために用いているさまざまな手法を教えてくれた。

- 運動
- 睡眠
- 呼吸法
- イメージトレーニングと可視化
- 瞑想

瞑想やマインドフルネスやヨガはどれもトレーダーがストレスや緊張を統制したりパフォーマンスを最適化したりする助けになるとして人気が高まっている。このような方法は、パフォーマンス重視の分野（スポーツ、軍隊、警察、外科医）や企業幹部向けの研修などでもますます使われるようになっている。

毎日八～一二分を使って何らかの瞑想やマインドフルネスを実践すると、ストレス反応を減らして感情をコントロールし、理解しにくい思考に効果的に対処することで衝動性を抑え、全体的な健康と幸福感を向上させることができる。

「私にとって、瞑想は一日のなかで重要な部分を占めている。毎朝、九時ごろ瞑想し、できるときは午後三時四五分ごろにも行う。自分がストレスを抱え、バランスを崩していると思ったときには、瞑想で学んだ方法を用いている」――プロップトレーダーこのように健全でいる方法を実践し、それがトレードのパフォーマンスに与える影響を理解することは今に始まったことではない。私は、一緒にトレーダーの生理に関する調査（休暇中にも市場を観察している時間を含めて）を行ったファンドマネジャーの顧客からジェシー・リバモアの**『リバモアの株式投資術』**（パンローリング）をもらった。この本には、次の段落のページにポストイットが貼ってあった。

「次のルールは、ある優れたトレーダーに倣って作った。ストレスを寄せ付けない。頭をすっきりさせ、正しい判断を下すためにあらゆることをする。私はそのために早めに寝て、飲食は軽めにし、運動し、ストックティッカーの確認や電話は立って行い、事務所は静かにさせるという生活を送っていた」

この本が出版されたのは一九四〇年である。

私は、この種の行動や習慣は、トレーダーのパフォーマンスライフスタイルだと思っている。これらのことはトレード時間以外の要素だが、それがトレーダーの健康とパフォーマンスに貢献している。ストア派も、心を充実させるために体に気を配ることや、良い人生を送るために健康であることの重要性をよく分かっていた。

「幸福は小さなステップを重ねることで実現できるが、それはまったく小さなことではない」――ゼノン

トレーダーで、特に高頻度トレードにかかわっているトレーダーたちが直面するリスクの一つは疲労で、なかには燃え尽きてしまう人もいる。しかし、職業的な危険として燃え尽きの可能性を認識することができれば、例えば次のような予防的対策を講じることができる。

●期待値を現実的なレベルにしておく。
●画面から離れる時間を作る。
●回復を優先する。
●楽しい活動をする。

結論
CONCLUSION

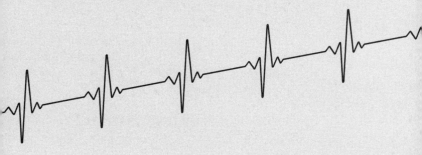

第25章

終わり――そして始まり

THE END - AND A BEGINNING

本書を読んで、トレードに取り入れることができる何らかの知識や洞察や取れる行動が伝わっただろうか。これらのことが、トレードのストレスや課題や要求をより効果的にコントロールする助けになることを願っている。

これまで紹介してきた主な原則や練習をまとめておこう。

●落ち込んだときの対応がうまくなる　トレードでは、不確実性や新規性やコントロール不能のなかでリスクをとる必要がある。ストレスや課題や困難もある。これらはトレードという仕事の一部なのである。そこで、これらを避けるのではなく、うまく対応できるようになることを目指す。

●防弾仕様の考え方　トレードや市場やリスクや不確実性に対する考え方が、トレーダーの気持ちと行動に影響を及ぼす。自分の考えや認識を意識する。何が役に立ち、何が役に立たないのか。

●ストレスに対する考え方　ストレスが役に立つものだと考えることは、長期的な健康と短期的なパフォーマンスの両方にプラスの効果がある。

●ブラックボックス的思考　ミスや損失や挫折をチャンスととらえて、フィードバックを得て、学んで、成長し、よりレジリエンス（回復力）を高める機会にする。

●コミットメントする　成功チャンスを最大にするためには具体的にどのような行動を取る必要があるか。自分のトレードで、どのような強みや質（価値観）を示したいか。自分にとって何が重要なのか。

●リスクを管理する　チャンスを最大限生かすことと判断の質のバランスをとるためにリスクを管理する。得意分野と文脈とリスク許容量を考慮してポジションサイズを決める。

●不確実性を受け入れる　不確実性はトレードに内在しているため、受け入れるしかない。無常という考え方を理解し、可能であれば、予測された不確実性の戦略を用いる。

●最悪の事態に備える　プレモーテムの考え方で最悪の事態に備え、「もしこうなったら」「もしこれが起こったら」どのような行動を取るか決めておく。

●今の瞬間　今の瞬間に注目するスキルを身に付けることで、やるべきことやプロセスや市場に集中し続けることができるだけでなく、自分の内面の状況を常に把握しておくことができる。

●プロセス　良いトレード判断と、トレード判断がよりうまくできるようになることと、強力なトレードのプロセスを構築することに集中する。

●コントロール　コントロールできることはコントロールする。自分がトレードでコントロールできることとコントロールできないことを区別し、コントロールできることに集中する。自分の反応に責任を持つ。

●意欲　不快なことに慣れる。不快さはトレードで経験することの一部だということを受け入れ、トレード目標を達成するためにあえてそれを経験するという意欲を育てる。

●とらわれない　自分の考えやトレードについて自分に言い聞かせるナラティブを認識できるようになる。無益な考えから抜け出すことを学び、行動に集中する。

●感情　感情を避けたりコントロールしたりするのではなく、ともにいることを学ぶ。自分の気持ちに気づき、名前を付けることで認識する。感情をデータととらえ、どのように利用できるかを考える。

●自信　トレードで困難な状況に直面したときに、強さ、課題の克服、支援などによって対処できるという自信を持つ。手持ちのポーカーチップを増やしておく。

●落ち着く　市場で難しい瞬間やストレスが大きい瞬間でも冷静さを保てるようになる。その基礎となるのが、能力や準備や状態管理である。呼吸法は、今の状態をコントロールするための効果的な戦略となる。

●思いやり　自分を厳しく責めすぎると自信を失いかねない。自分のなかの批評家と思いやりのあるコーチのバランスをとる。批判することと説明することの違いに気をつける。

●精神的柔軟性　状況を異なる視点で見る練習をする。困難にチャンスを探す。高いところから見る。自分のロールモデルならばどうするだろうか。

●行動的柔軟性　短期的には柔軟に、長期的には適応して、自分の手順や戦略を市場環境に合わせて調整していく。

●状況観察　自分の生理的状況（ストレスや疲労のレベル）を観察する方法を見つける。主観的な方法と心拍変動（ＨＲＶ）のデータを収集して分析する客観的な方法がある。

●回復　ストレス回復のバランスを整えることは、ストレスのレジリエンスを高め、高パフォーマンスのトレードを維持するカギとなる。質の良い睡眠をとってリラックスすることに集中する。スイッチをオフにすれば、またオンにできる。

●生理的健康　トレードのストレスや課題や要求からのレジリエンスをより高めるために生理的な訓練をする方法はたくさんある。心と体の健康や行動にかかわる習慣について考えてみてほしい。コヒーレンスになるよう訓練し、マインドフルネスに基づいた心の健康トレーニングを行うとよい。

これらのことすべてのカギとなる三つを挙げておく。

①想像力
②行動
③支援

①自分の将来を管理する

自分が何を目指しているのかについて明確な見通しを立て、維持する。

将来の自分の姿、よりレジリエンスが高く、トレードで直面する要求に対処することができ、課題を冷静に克服できるトレーダーを想像してほしい。

- ●今の自分とは何が違うのか。
- ●気づいたことはあるのか。
- ●どのような行動を取ればよいのか。
- ●どのような気持ちになったのか。
- ●どのような考えを持ったのか。

●今の自分よりも成長し、精神的に強くなり、よりたくましく、冷静で、レジリエンスがあるトレーダーになるためのチャンスはどこにあるのか。

②行動する

レジリエンスと強さと忍耐力は、どれも育てていくことができる。内なる砦は本や知識からではなく、応用し、練習し、経験することによって作られていく。
だから、行動しよう。

「そのため、哲学者たちはただ学ぶだけで満足するのではなく、実践してから訓練するよう警告している。時とともに私たちは学んだことを忘れ、逆のことをするようになり、すべきこととは反対の意見を持ってしまうからだ」――エピクテトス

市場が与える課題や困難やストレスの瞬間は、すべてがそのまま自分の防弾仕様のスキルを練習するチャンスとなる。

●どのような行動をするのか。

トレードの課題	現在の手法、スキル	応用すれば防弾仕様になる知識とスキル

●いつ、その行動をするのか。
●それによってどう助かるのか。

③支援

本書を読むことで、自分の最高の状態でトレードし、自分の潜在力を発揮する助けにわずかでもなっていればうれしい。

もし質問やフィードバックがあれば、私のウェブサイトかeメールに遠慮なく知らせてほしい。

幸運を祈る。

スティーブ・ワード
steve@performanceedgeconsulting.co.uk
https://performanceedgeconsulting.co.uk/

謝辞

本書は私の四冊目の著作で、トレードと投資と賭けの心理とパフォーマンスの関係について書いた。これまで書いた本は、どれも異なる意味で挑戦であり、執筆中はいつも良いときと悪いときがある。これは人生と同じだ。そして、どの本もたくさんの人の支えと情報提供がなければ書くことはできなかった。協力してくれた人たちにここで感謝を表したい。

「慈善は家庭から始まる」ということわざがあるが、感謝も同じだ。本の執筆は時間がかかり、エネルギーを搾り取られるものだが、その時間とエネルギーはときに家族、つまり家庭を犠牲にして得たものでもある。妻のサビーンと二人の息子、オリバー（ＯＪ）とキャスパー（キャス）は、いつものように執筆期間を通してよく理解し、支えてくれた。幸い私の執筆中はネットフリックスやXボックスやユーチューブが彼らに代わりの楽しみを提供し、一緒に過ごすことができない私の罪悪感を少し減らしてくれた。

本書の執筆にあたっては、銀行やヘッジファンドや資産運用会社やＣＴＡ（商品投資顧問業者）やプロップトレード会社や公益事業会社などのトレーダーたちから情報をもらった。彼らの多くがトレードや人生の貴重な時間を割いて応じてくれた。彼らの貢献は本書の至るところに見られる。分かりやすいのは彼らの言葉の引用だが、本書の論調や見出しなどにも影響を受けた部分がある。彼らとの約束で名前を挙げることはできないが、彼らの貢献に感謝していることはぜひ知っておいてもらいたい。それがだれだかは本人ならば分かるはずだ。本当にありがとう。

本書は、一五年にわたって世界中の何千人ものトレーダーにかかわってきた成果と言える。私が開いたすべての研修会やコーチングや評価やコンサルティングが、私の考え方や行動やこの本の内容に貢献している。そこで、私にサポートするチャンスを与え、この仕事に多くの情報を提供してくれたすべての顧客に感謝したい。

本書は、ACT（アクセプタンス・コミットメント・セラピー）と人の生理とストア哲学という三つの主な柱で形成されている。三つの興味深い分野には、それぞれ独自の理論とモデルと枠組みがある。本書の知識や洞察やテクニックや戦略は、多くの熟達した名高い人たちや組織の研究に基づいている。これらの研究を行って枠組みを構築し、それを私が顧客や本書の読者に提供することを許してくれた人たちにも、その研究に大いに感謝し、それぞれの分野を極めるための献身的な姿勢に敬意を表したい。

最後に、出版社が私をどう見ているのかは分からないし、私が典型的な著者なのかどうかも分からないが、編集の仕事が時にイラついたり、困難に見舞われたりすることは想像できる。きっと彼らには彼らの防弾テクニックが必要とされているのだろう。ハリマン・ハウスが前の三冊同様、今回も執筆の機会を与えてくれたことに感謝している。特に、編集者のクリストファー・パーカーには、本書を読者にとって「最高の形」にしてくれたことに感謝している。

■著者紹介

スティーブ・ワード（Steve Ward）

トレーダーや投資家や銀行で働く人たちのリスクのとり方や意思決定の仕方を改善することで、高パフォーマンスを達成し、それを維持する方法を教える専門家で、それをパフォーマンス心理学や意思決定科学や神経科学や行動科学や心理学や哲学の最新の研究と実践で得た洞察を用いて行っている。2005年から高パフォーマンスを上げている大手の投資銀行やヘッジファンドや資産運用会社やCTA（商品投資顧問業者）やプロップトレード会社でコーチングやコンサルティングを行っている。それ以前はスポーツ心理のコーチとして世界で30を超えるエリート選手やチームを、またプロのポーカープレーヤーの心理コーチングも行っていた。著書には『ハイ・パフォーマンス・トレーディング』『スポーツ・ベティング・トゥ・ウイン』『トレーダーマインド』などがある。過去にはBBCのテレビ番組で、トレードパフォーマンスコーチとしてコンサルタントを務め、自己勘定で株式指数とFXのトレードを行った経験もある（https://performanceedgeconsulting.co.uk/）。

■監修者紹介

長岡半太郎（ながおか・はんたろう）

放送大学教養学部卒。放送大学大学院文化科学研究科（情報学）修了・修士（学術）。日米の銀行、CTA、ヘッジファンドなどを経て、現在は中堅運用会社勤務。全国通訳案内士、認定心理士、２級ファイナンシャル・プランニング技能士（FP）。『ルール』『不動産王』『その後のとなりの億万長者』『IPOトレード入門』『株式投資　完全入門』『知られざるマーケットの魔術師』『強気でも弱気でも横ばいでも機能する高リターン・低ドローダウン戦略』『パーフェクト証券分析』『トレードで成功するための「聖杯」はポジションサイズ』『バリュー投資達人への道』『新版　バリュー投資入門』『財産を失っても、自殺しないですむ方法』など、多数。

■訳者紹介

井田京子（いだ・きょうこ）

翻訳者。主な訳書に『トレーダーの心理学』『トレーディングエッジ入門』『プライスアクショントレード入門』『トレーダーのメンタルエッジ』『バリュー投資アイデアマニュアル』『FX　５分足スキャルピング』『完全なる投資家の頭の中』『株式投資で普通でない利益を得る』『T・ロウ・プライス』『行動科学と投資』『不動産王』『バフェットからの手紙【第５版】』『IPOトレード入門』『トレードで成功するための「聖杯」はポジションサイズ』『バリュー投資達人への道』（いずれもパンローリング）など、多数。

2022年4月3日　初版第1刷発行

ウィザードブックシリーズ326

鋼のメンタルトレーダー
――しなやかさと対応力が身につく心理と生理機能の管理法

著　者　スティーブ・ワード
監修者　長岡半太郎
訳　者　井田京子
発行者　後藤康徳
発行所　パンローリング株式会社
〒160-0023　東京都新宿区西新宿7-9-18　6階
TEL 03-5386-7391　FAX 03-5386-7393
http://www.panrolling.com/
E-mail　info@panrolling.com
編　集　エフ・ジー・アイ（Factory of Gnomic Three Monkeys Investment）
装　丁　パンローリング装丁室
組　版　パンローリング制作室
印刷・製本　株式会社シナノ

ISBN978-4-7759-7295-3

フェニックスシリーズ 55

ストア派哲学入門
成功者が魅了される思考術

ライアン・ホリデイ【著】

定価 本体1,800円+税　ISBN:9784775941782

ストレスフリーで生き抜く 366のヒント

「ストイック」という言葉を耳にしたことがあるだろう。禁欲的とか感情を殺すとか、自分に厳しいイメージが強い。しかしこれはまったくの誤解である。哲学と聞いただけで敬遠してしまいがちだが、本書はそれらの哲学書とは一線を引く。

ウィザードブックシリーズ 201

続マーケットの魔術師
トップヘッジファンドマネジャーが明かす成功の極意

ジャック・D・シュワッガー【著】

定価 本体2,800円+税　ISBN:9784775971680

先端トレーディング技術と箴言が満載

「驚異の一貫性を誇る」これから伝説になる人、伝説になっている人のインタビュー集。著者は世界で最も優秀なヘッジファンドの達人たちと話をして、学ぶべき教訓に焦点を当て、彼らの知恵をあなた自身のトレードで利用できるようにしてくれた。

ウィザードブックシリーズ 32

ゾーン
「勝つ」相場心理学入門

マーク・ダグラス【著】

定価 本体2,800円+税　ISBN:9784939103575

究極の相場心理を伝授する!

恐怖心ゼロ、悩みゼロで、結果は気にせず、淡々と直感的に行動し、反応し、ただその瞬間に「するだけ」の境地、つまり、「ゾーン」に達した者が勝つ投資家になる！ まったく新しい次元の心理状態を習得し、大きく飛躍してほしい。